Clama a Dios por la CIUDAD 2014

Durante épocas sombrías nos sentimos tentados a manipular las cosas para no sufrir mucho y simplemente sobrevivir. Mas en esta forma de actuar se pierde la esperanza que nace de las oraciones por amor al prójimo. La esperanza separada de la oración o del amor no es más que optimismo o pensamientos positivos.

En el futuro cercano creo que oraremos grandes cosas o de otra forma nuestra esperanza junto con nuestro amor se enfriarán. Estoy convencido que Dios nos está llamando a orar juntos con pasión ininterrumpida por el reino que nos ha prometido.

Esperanza de todo corazón. Esta edición de Clama a Dios por la Ciudad está diseñada para avivar los anhelos latentes por Cristo y aumentar la esperanza para poder estar a la altura de los propósitos del reino de Cristo. Las oraciones que Dios tanto desea escuchar en estos días son demasiado importantes como para orarlas sin tener nuestros corazones al rojo vivo con la valentía de la esperanza.

En búsqueda de Su rostro. En búsqueda de Su reino. El orar estas oraciones podría convertirse en un acontecimiento crucial en tu vida. Es más, podría llegar a ser un momento decisivo en la historia. Clamaremos a Dios en dos formas básicas: primero, buscaremos el rostro de Dios, y segundo buscaremos el reino de Dios. Al acercarnos a Él –en busca de Su rostro, Él viene a nosotros –trayendo Su reino.

Considere estas oraciones como brasas de fuego, capaces de reavivar su fe y amor con la esperanza y pasión del mismo Jesucristo.

Suyos en Su esperanza,

Steve Hawthorne
Steve Hawthorne for WayMakers

Orando con esperanza PLENA

Esperanza: Desesperación sin perder la confianza

Es muy importante que abriguemos esperanza –tanto para con nosotros como para con otros– en estos días difíciles. Dios escoge estos tiempos turbulentos para cumplir Sus propósitos mayores. Estos son los días cuando debemos hacer oraciones grandes.

Cuando el pueblo de Dios prevalece en los propósitos de Dios, puede orar con desesperación santa llegando a convertirse en la esperanza personificada. Esta desesperación es totalmente lo opuesto a la desesperanza. Oremos que Dios satisfaga Su gran anhelo de que Su reino se haga visible en la tierra. Este es el momento perfecto para que los seguidores de Jesús, comunes y corrientes como usted y yo, oren y vivan de formas extraordinarias.

Encontrando valor para desear cosas grandes

Es bueno volcarse a Dios en busca de alivio. Mas cuando personas realmente desesperadas oran, lo que encuentran es valentía. El corazón lleno del Señor encuentra ánimo para orar hasta que Dios cumpla todo lo que ha prometido.

Dios cumplirá absolutamente todo lo que ha prometido. Él está cumpliendo Su propósito de triunfo sobre las fuerzas del mal y está trayendo bendición transformadora sobre Su pueblo a través del poder del evangelio. Cuando Su pueblo confía plenamente en lo que Dios ha dicho a través de las Escrituras, comienza a orar con esperanza sincera. Cuando permitimos que Dios restaure este anhelo ardiente en nuestros corazones podremos orar y obrar con intensa perseverancia aun en medio de los tiempos más difíciles.

El anhelo impulsa la esperanza

En cuanto usted ora las promesas en esta guía permita que Dios tenga acceso a su imaginación. Mire a través del lente de la palabra de Dios lo que la muerte de Cristo logró en la tierra. Permítale a Dios intensificar el deseo de orar y de obedecerle mientras Él cumple todo lo que ha prometido. Deje que Dios le dé el celo de Jacob quien dijo: "No te dejaré, si no me bendices" (Génesis 32:26).

...deas prácticas para ...rar con otras personas

...ramos mejor al orar juntos.

...ás de 150 mil creyentes de cientos de iglesias estarán orando ...tas oraciones, lo que quiere decir que no estarás orando solo.

Encuentre, y a la vez comparta, ideas prácticas.

Encuentra en nuestro sitio de red waymakers.org recursos útiles para llamar a tu familia espiritual a la oración, tales como patrones de papeletas para intercalar en el boletín de la iglesia local, e ideas promocionales para ayudarte a alentar a tu iglesia a orar utilizando los temas diarios. Intercambia ideas con otros de lo que te gusta de las oraciones en **Facebook.com/seekgodforthecity**.

...rsión en Inglés.

...vita a tus amigos de habla inglesa a orar *Clama a Dios por ... Ciudad 2014* en inglés. Se llama *Seek God for the City 2014*. ...nemos un libreto de 64 páginas al mismo precio que la versión ... español.

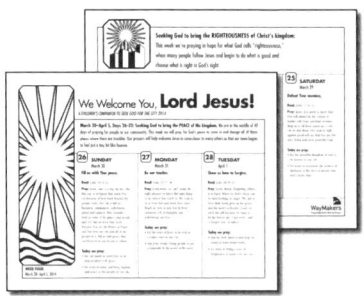

Versión para Niños.

Una versión en inglés para niños está disponible gratuitamente en el formato ".pdf" en nuestro sitio de red. ¡Es un gran recurso para preparar a los niños en esta aventura de la oración! Encuéntrela en **waymakers.org**.

...ún más accesible y práctica: la ...plicación (app) para teléfonos y ...bletas.

...uedes obtener *Seek God for the City 2014* como "app" ...ra los teléfonos o tabletas, aunque solamente en ...glés. Contiene el material exacto del libreto. Esta ...p hace que las oraciones sean aún más accesibles. ...sponible a partir de diciembre 2013. Revisa un ...delanto en waymakers.org. Compártelo con tus ...nigos alrededor del mapa.

iOS   Android

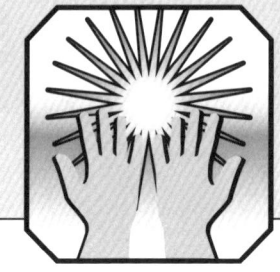

Buscando el ROSTRO de Dios
Abriéndonos para conocer a Dios

*Vuélvanse a mí,
...y yo me volveré
a ustedes.*
— Zacarías 1:3

Esta temporada de 40 días tiene dos partes básicas. Durante los primeros once días estaremos buscando el rostro de Dios y los días restantes, Su reino. ¿Cómo se busca el rostro de Dios? No es algo reservado únicamente para ministros o místicos. Dios ha llamado a toda persona a buscar Su rostro.

El gozo de ser conocido por Dios

Buscar el rostro de Dios es exactamente eso: acercarnos a Él hasta estar cara a cara. Cuando te acercas a Él, no estás tratando de verlo con tus ojos físicos. Conocer a Dios significa más bien ser conocido por Dios (Gálatas 4:9). Párate frente a Él para que pueda fijar Su mirada sobre tu vida. Cuando fijas tu atención en Él, Su amor te examinará, te animará y te cambiará.

Imagina desear lo que Dios desea

Al buscar el rostro de Dios durante los próximos 11 días, estaremos abriendo nuestras vidas a encontrar deleite en lo que le deleita a Él, y dolor en lo que le entristece. Al hacer nuestros Sus deseos le permitimos cambiarnos para así apropiarnos de Sus deseos.

Regresa a Mí y Yo regresaré a ti

Buscar el rostro de Dios significa que nos estamos acercando a Dios. Buscar el reino de Dios significa que le estamos pidiendo a Dios que se acerque a nosotros. No podemos hacer lo uno sin lo otro.

Dios le dijo a Su pueblo repetidas veces "Vuélvanse a Mí, y Yo me volveré a ustedes" (Zacarías 1:3, Malaquías 3:7). Buscamos el rostro de Dios no porque Él está escondido o es difícil de encontrar. Él no nos ha abandonado. Pero cada uno de nosotros ha encontrado formas de evadirlo debido a nuestro estado de quebrantamiento y por nuestro pecado nos hemos convertido en fugitivos de Dios.

Cuando nos acercamos a Dios, Él se acerca a nosotros

Momentos especiales para regresar

Hay momentos especiales en que Dios hace que un pueblo completo se dé cuenta que se ha descarriado y regrese a Él. Muchas personas creen que nos encontramos en ese preciso momento; que Dios está haciendo un llamado por todo el mundo a buscar Su rostro como nunca antes.

Escuchando el llamado de Dios

Cuando nos acercamos a Él renace la confianza para pedirle que se acerque a nosotros. David escuchó el llamado de Dios a buscar Su rostro e hizo de ello la prioridad de su vida. En el Salmo 27:4 David dice:

> Una cosa he demandado a Jehová, esta buscaré: que esté yo en la casa de Jehová todos los días de mi vida, para contemplar la hermosura de Jehová y para buscarlo en Su templo."

Esperanza firme: La bondad de Dios en el mundo de los vivientes

En el versículo 13 de este mismo salmo David dice:

> "De una cosa estoy seguro:
> he de ver la bondad de Jehová
> en la tierra de los vivientes."

Cuando David buscaba el rostro del Señor, su esperanza se acrecentaba y confiaba en que Dios haría presente Su bondad transformadora en medio de las circunstancias en que él y Su pueblo se encontraban. Esta es la razón por la cual David oraba de una forma perseverante sin olvidar las promesas de la bondad de Dios: "¡Espera en Jehová! ¡Esfuérzate y aliéntese tu corazón! ¡Sí, espera en Jehová!" (Salmo 27:14) David buscó el rostro de Dios, lo que lo llevó por ende a buscar el reino de Dios con esperanza.

No todos los tiempos son iguales. A veces Dios hace posible que un pueblo entero dé media vuelta y regrese a Él.

Buscando el rostro de Dios

Buscando el ROSTRO de Dios

5 al 15 de marzo SEMANA 1

Esta "semana" (realmente 11 días comenzando el Miércoles de Ceniza, 5 de marzo) nuestro enfoque de oración será la búsqueda del rostro de Dios.

Usaremos el Salmo 24 que hace la pregunta: "¿Quién subirá al monte de Jehová?" Cuando escuchamos esta pregunta tendemos a descalificarnos de poder acercarnos a Dios. Deja más bien que esta pregunta sea una invitación. Ya Cristo ha abierto el camino para acercarnos a Dios y ser cambiados por Él. Es el deseo de Cristo que llegues a conocer a Dios al acercarte a Él.

Tal es la generación de los que lo buscan, de los que buscan Tu rostro.
– Salmo 24:6

Ábrele tu vida a Dios. Acepta Su invitación. Él te está llamando a buscar Su rostro.

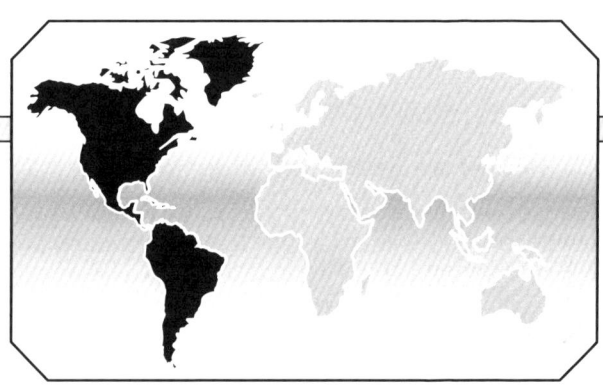

Durante estos 40 días estaremos orando por las áreas continentales de la tierra en orden invertido a la secuencia mencionada en Hechos 1:8. Damos inicio a esta jornada con una de las áreas de la tierra más lejanas de Jerusalén. Comenzamos orando por la gente a lo largo del continente Americano y el Caribe.

Las **AMÉRICAS** y el **CARIBE**

DÍA 1

Clama a Dios...

para que despierte nuestros corazones a buscarle

miércoles 5 de marzo

Mi corazón ha dicho de Ti: "Buscad mi rostro". Tu rostro buscaré, Jehová. – Salmo 7:8

En medio de una vida demasiado llena de actividades, a la distancia escuchamos Tu voz llamándonos. Te hemos ignorado anteriormente como si fueras un ruido necio, pero hoy acallamos nuestros corazones para poder entender lo que estás diciendo. Nos estás llamando "Ven, acércate, busca Mi rostro." Y nuestro corazón responde gozoso, buscando las palabras correctas: "¡Sí, vendré! ¡Buscaré Tu rostro!" Este es el deseo más profundo de nuestro corazón. Para esto fuimos hechos: para conocerte al acercarnos a Ti. Te buscamos porque Tú nos buscaste primero. Hemos visto nuestro corazón encenderse pero también apagarse repentinamente. Mas si nos continúas llamando, continuaremos viniendo.

Jesús los llevó aparte, a una montaña alta. Mientras estaba aún hablando, apareció una nube luminosa que los envolvió, de la cual salió una voz que dijo: "Éste es mi Hijo amado; estoy muy complacido con Él. ¡Escúchenlo!" – Mateo 17:1, 5

Señor Jesús, solo Tú puedes llevarnos a Dios. Nos hemos preguntado si esta cercanía con Dios está reservada únicamente para los grandes de la fe. Pero si Tú nos guías, iremos contigo. Podemos percibir el gran amor que el Padre tiene por Ti. Ayúdanos a comprender que el Padre quiere abrazarnos con ese mismo amor que Él tiene por Su Hijo. *Oremos:*

- que Dios revele Su gran amor por la gente mostrándoles cuánto ama a Su Hijo.
- que la gente siga a Jesús por amor a Dios, abandonando los intentos de complacer a Dios con su comportamiento.

Clama a Dios por... **los Indigentes**

Ora que Dios les traiga socorro, refugio, alimentos y atención médica; que Cristo restituya la esperanza de su porvenir; por consejo sabio y amistades de confianza; por protección contra los riesgos de vivir a la interperie; por empleo, albergue y restauración de vida en familia.

Caminatas en oración: Visita un lugar que brinda refugio a los indigentes o que les provee empleo. Pide que Dios bendiga a aquellos que parecieran ser indigentes.

> *Y levanta de la miseria al necesitado y hace multiplicar las familias como rebaños de ovejas.*
> – Salmo 107:41

...en nombre de **las Américas y el Caribe**

Anguilla, Antigua y Barbuda, Argentina, Aruba, Bahamas

DÍA 2
jueves
6 de marzo

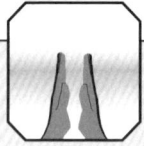

Clama a Dios...
para que nos confirme Su perdón

¿Quién subirá al monte de Jehová? ¿Y quién estará en Su lugar santo?
El limpio de manos... – Salmo 24:3-4

Padre, Tu Hijo no murió únicamente para librarnos del pecado. Murió para acercarnos a Ti. Pero nuestros recuerdos están manchados por los muchos errores que hemos cometido. Hemos pecado contra Ti. A pesar de Tu perdón, nos mantenemos al margen de Tu presencia. ¡Ya basta! Dejamos de lado toda idea necia de que no nos quieres o que no te gusta estar con nosotros. Eliminamos los temores y dudas que nos mantienen alejados. Por el poder limpiador de la muerte de Jesús nos acercamos a Ti, levantando manos limpias en alabanza y gratitud.

Al oír esto, los discípulos se postraron sobre su rostro, aterrorizados. Pero Jesús se acercó a ellos y los tocó. -Levántense -les dijo. No tengan miedo.
– Mateo 17:6-7

Hemos recibido Tu perdón, pero todavía estamos paralizados por el miedo. Tócanos al igual que tocaste a Tus amigos aterrorizados. Pídenos levantarnos y seguirte sin temor. *Oremos:*

- que Jesús toque a los que esquivan una relación íntima con Dios.
- que Cristo alcance a los que se encuentran paralizados por un sentido de culpabilidad y que ellos puedan servir a Dios sin temor ni vergüenza.

Esta mujer se esmeraba en hacer buenas obras y en ayudar a los pobres.
– Hechos 9:36

Clama a Dios por... las Mujeres

Ora para que las mujeres sean honradas en su gloria especial como criaturas de Dios; para que cese toda injusticia dirigida contra las mujeres; para que se le ponga fin a la pornografía; por protección de la violencia sexual; para que se renueve la esperanza por la hermosura del matrimonio y los hijos; para que mujeres solteras se aferren a los propósitos de Dios para sus vidas.

Caminatas en oración: Haz oraciones de bendición por algunas de las mujeres con quien te topes hoy.

...en nombre de las Américas y el Caribe
Barbados, Belice, Bermudas, Bolivia, Brasil

Clama a Dios...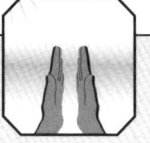

por corazones puros

DÍA 3
viernes
7 de marzo

¿Quién subirá al monte de Jehová? ¿Y quién estará en Su lugar santo?
El limpio de manos y puro de corazón... — Salmo 24:3-4

Nos has llamado a Tu presencia en Tus cortes esplendorosas por medio de una invitación grabada. De nuevo confirmamos la fecha de la invitación, y la fecha es "hoy", antes de la eternidad, mientras todavía estamos en esta tierra y no más tarde, para que hoy mismo comencemos a saborear el amor de lo alto. Nos aseguras que ya nuestro pasado pecaminoso no nos cierra la puerta porque ha sido abierta por el perdón en Jesús. Tendremos buenas razones para dudar de nuestro propio corazón, pero rehusamos dudar del Tuyo. ¡Dios es por nosotros! Has prometido cambiarnos por dentro, y de seguro Tu gracia prevalecerá. Y confiando en que nuestros corazones serán purificados, audazmente venimos a Ti.

Cuando ellos alzaron los ojos, no vieron a nadie, sino a Jesús solo. — Mateo 17:8

Queremos amarte, mas no logramos ver al que buscamos. Nuestro corazón se encariña fácilmente con lo que llena nuestros ojos. Desvanece todas las otras cosas y enfoca la total atención de nuestros corazones. *Oremos:*

- por una visión de Jesús. Muchos en nuestras comunidades han creído en falsedades. Oremos que Jesús sea revelado tal y como es.
- que puedas tener una visión de Jesús como único Dios. Muchos han creído que Jesús es un maestro más de religión. Oremos que Jesús sea revelado como el Hijo de Dios.

Clama a Dios por... **los Universitarios**

> *Tú, oh Dios, me enseñaste desde mi juventud, y aún hoy anuncio todos Tus prodigios.*
> — Salmo 71:17

Ora que muchos estudiantes sigan a Cristo; que la verdad brille en ambientes a menudo hostiles y cínicos en cuestiones de fe: que los estudiantes tomen decisiones sabias, que vivan vidas piadosas, y que conformen sus carreras y ambiciones para llevar a cabo los propósitos globales de Dios. Ora que el liderazgo de grupos cristianos en los campuses esté bien cimentado; por el avance de movimientos de oración y la movilización de misiones; por los ministerios cuyo enfoque son los estudiantes.

Caminatas en oración: Ora por estudiantes en una escuela de enseñanza superior.

...en nombre de **las Américas y el Caribe**

Islas Vírgenes Británicas, Canadá, Islas Caimán, Chile, Colombia

[9]

DÍA 4

**sábado
8 de marzo**

Clama a Dios...
por fortaleza para abandonar la falsedad

¿Quién subirá al monte de Jehová? ¿Y quién estará en Su lugar santo? El limpio de manos y puro de corazón; **el que no ha elevado su alma a cosas vanas ni ha jurado con engaño.** – Salmo 24:3-4

A veces hemos hablado o actuado con falsedad para obtener aprobación. Estamos cansados de las máscaras y de mantener esa fachada. Para acercarnos a Ti tenemos que quitarnos los disfraces. Padre, venimos a Ti desnudos. Confesamos que hemos puesto nuestra confianza en personas, sistemas, y hasta otros dioses. Hemos tratado de segregar nuestra vida en compartimentos para así esconder la idolatría y las mentiras, pero en esta hora queremos llegar a Ti limpios y puros en Cristo. Líbranos de ataduras. Confesamos ante Ti nuestra hipocresía y renunciamos a las dependencias falsas. Nos entregamos totalmente a Ti.

Cuando Jesús vio a Natanael que se le acercaba, dijo de él: -¡Aquí está un verdadero israelita en quien no hay engaño! – Juan 1:47

Viste a Natanael e inmediatamente viste su deseo ferviente. Al acercarnos a Ti, sabemos que Tú todo lo ves y ves nuestra devoción a medias. Ciertamente puedes ver los comienzos de integridad impartida por Tu Espíritu. Pon en nosotros la esperanza de que podemos ser limpios y verdaderos ante Ti. *Oremos:*

- que Cristo dé valor a los que buscan vivir en integridad.
- que los que están enredados en engaño e hipocresía se encuentren frente a frente con Jesús y lleguen a conocer la verdad.

> *Cuando Jesús salió, vio la gran multitud y tuvo compasión de ellos, y sanó a los que entre ellos estaban enfermos.*
> – Mateo 14:14

Clama a Dios por... **los Enfermos**

Ora para que Dios toque a los enfermos de tu comunidad para sanarlos y darles consuelo; que crezcan en gracia al caminar Dios con ellos en medio de sus pruebas; que Dios les provea sus necesidades económicas; por las personas que los atienden, y por sus familias; que muchos de ellos reanuden su confianza en Cristo, y que lo sigan audazmente, aun en medio de la aflicción.

Caminatas en oración: Piensa en quienes están batallando con el dolor o una enfermedad crónica en tu vecindario. Ora para que sean sanados.

...en nombre de las Américas y el Caribe

Costa Rica, Cuba, Dominica, República Dominicana, Ecuador

Clama a Dios...
para que ponga en nosotros anhelo por conocer y alabar a Dios

DÍA 5
domingo
9 de marzo

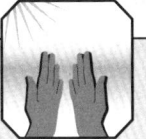

Recibirá bendición del Señor y rectitud del Dios de su salvación. Tal es la generación de los que le buscan, de los que buscan Tu rostro –como hizo Jacob.
– Salmo 24:5-6 *(traducción del autor)*

En ciertas oportunidades, nuestro padre Jacob no demostró ser hombre de integridad, mas actuó de forma engañosa. Pero para recibir Tu bendición estaba decidido a luchar con ángeles, rehusando dejarte hasta obtenerla. Queremos tener la misma audacia de Jacob para buscar Tu rostro. Nos acercamos a Ti con la justicia de Jesús. Impártenos el celo de Jacob y un día verás una generación que no Te dejará. ¡Queremos ser esta generación prometida, viejos y jóvenes, buscando Tu rostro con pasión duradera.

Pero la hora viene, y ahora es, cuando los verdaderos adoradores adorarán al Padre en espíritu y en verdad, porque también el Padre tales adoradores busca que Lo adoren.
– Juan 4:23

Llegará la hora en que encontrarás lo que tanto has deseado: una generación que Te adore en espíritu y verdad. Continúa llamando a los que Te buscan. *Oremos:*

- que la gloria del Dios de Jacob, hecha realidad en Jesús, sea manifiesta en los que buscan cosas espirituales.
- que Dios transforme a los que Le buscan en adoradores apasionados.
- que el Padre haga prosperar una generación de adoradores en nuestra ciudad.

Clama a Dios por... las Comunidades Étnicas

Ora que Dios traiga armonía entre las razas; que ofensas antiguas sean resueltas por medio del perdón que emana de Jesús; que los cristianos demuestren honor y actúen con el poder reconciliador de Cristo; que la hermosura de diferentes lenguas y culturas sean demostradas en las iglesias locales.

Caminatas en oración: Ora y bendice un vecindario de una identidad étnica diferente a la tuya; ora y bendice un negocio cuyos propietarios son personas de diferente etnia a la tuya.

Ellos se acordarán y volverán a Jehová de todos los confines de la tierra. Delante de Ti se postrarán todas las familias de las naciones.
– Salmo 22:27

...en nombre de las Américas y el Caribe
El Salvador, Islas Malvinas, Guayana Francesa, Groenlandia

DÍA 6
lunes
10 de marzo

Clama a Dios...
para que nos libere de deseos conflictivos

Oh Dios, tú eres mi Dios; yo te busco intensamente. Mi alma tiene sed de Ti; todo mi ser Te anhela, cual tierra seca, extenuada y sedienta. Te he visto en el santuario y he contemplado Tu poder y Tu gloria. Tu amor es mejor que la vida; por eso mis labios te alabarán.
– Salmo 63:1-3

Las cosas del mundo nos atraen grandemente cual espejismo en el desierto. Pero al igual que un espejismo, terminamos decepcionados y con la boca llena de arena. Y por dentro seguimos sedientos con una soledad profunda. Esta sed de compañía busca de Ti y es por eso que venimos a Tu fuente a beber profundamente. Nada más nos satisface. Tu amor es mejor que la misma vida. Tomamos hoy esta decisión: buscarte continuamente. Sí; a menudo, temprano, a diario buscaremos Tu rostro.

Respondiendo Jesús, le dijo: –Marta, Marta, afanada y turbada estás con muchas cosas. Pero solo una cosa es necesaria, y María ha escogido la buena parte, la cual no le será quitada.
– Lucas 10:41-42

Pon freno a nuestra distracción. Expone a la luz las pequeñeces que nos consumen. Enfoca nuestras vidas. Regula nuestros deseos desordenados a convertirse en celo por conocerte. *Oremos:*

- que el valor verdadero de conocer a Cristo sea revelado, especialmente a aquellos angustiados por cosas que los preocupan y recargan.
- que Dios nos muestre la evidencia de nuestra distracción y nos llame a simplificar nuestras vidas fragmentadas para poder amarle con pasión.

Y sucederá que el día en que Jehová te dé tregua de tu dolor, de tu desesperación y de la dura servidumbre a la que fuiste sometido....
– Isaías 14:3

Clama a Dios por... **los Alcohólicos y Drogadictos**

Ora que Dios rompa todo tipo de esclavitud, incluyendo el alcoholismo y la drogadicción. Ora por consejeros sabios que puedan prestar ayuda e intervención; que Dios sane sus mentes y cuerpos; que cambien sus vidas egocéntricas y en lugar vivan sus vidas para Cristo.

Caminatas en oración: Camina ora por tu vecindad, clamando a Dios que libre a aquellos dominados por el vicio de alcohol o la adicción a las drogas.

...en nombre de **las Américas y el Caribe**
Granada, Guadalupe, Guatemala, Guyana, Haití

Clama a Dios... DÍA 7

por humildad ante Dios

martes
11 de marzo

Si Mi pueblo, que lleva Mi nombre, se humilla y ora, y Me busca y abandona su mala conducta, Yo lo escucharé desde el cielo, perdonaré su pecado y restauraré su tierra.
– 2 Crónicas 7:14

Como pueblo que lleva Tu nombre, no sólo te causamos dolor con nuestros pecados sino que también Te avergonzamos. Individualmente tal vez no hemos manchado Tu gloria pero como Tu pueblo Te hemos ofendido. Y es por eso que venimos cara a cara ante Ti. Únicamente Tu Espíritu nos da verdadera humildad, no para reprendernos, sino para que regresemos a Ti. Confesamos que no se trata de nosotros y nuestro pecado, sino de cuánto Te herimos con nuestro pecado y la gloria que Te restamos cuando la mereces toda.

Así que cualquiera que se humille como este niño, ese es el mayor en el reino de los cielos.
– Mateo 18:4

El niño más chico siempre mira a los más grandes como mejores de lo que realmente son. Muéstranos cuán grande eres como Padre y cuán preciosos Te somos como hijos. Danos gozo como de niño para exaltarte a Ti y honrar a otros. *Oremos:*

- que muchos se vuelvan a Dios con humildad verdadera.
- que los cristianos maduren, usando sus vidas para buscar el honor de Cristo.

Clama a Dios por... **los Pobres**

Ora que Dios provea las necesidades espirituales y físicas de los pobres con dignidad y estabilidad; que Dios los libere de los ciclos de opresión y desesperación; que Dios quebrante las maldiciones y multiplique las bendiciones sobre ellos.

Caminatas en oración: Camina por lugares donde hay pobreza y abandono. Para evitar oraciones motivadas por la lástima y a su vez orar llenos de esperanza, pídele al Espíritu Santo que te preste Sus ojos y Su alma. ¿Qué es lo que entristece o alegra a Dios cuando Él camina entre los pobres?

Yo sé que Jehová tomará a su cargo la causa del afligido y el derecho de los necesitados.
– Salmo 140:12

...en nombre de **las Américas y el Caribe**

Honduras, Jamaica, Martinica, México, Montserrat

DÍA 8

miércoles 12 de marzo

Clama a Dios... por un amor firme por Él

Cuando tú y tus hijos se vuelvan al Señor Tu Dios... El Señor Tu Dios quitará lo pagano que haya en tu corazón y en el de tus descendientes, para que lo ames con todo tu corazón y con toda tu alma, y así tenga vida. – Deuteronomio 30:2, 6

Haz que llegue pronto el día que prometiste en que núcleos familiares enteros vengan corriendo hacia Ti. Es difícil concebir la imagen de hijos y padres juntos abriendo sus vidas para que Tú los llenes. Mas ésta fue Tu promesa. Llámanos a regresar con la esperanza viva de que seremos cambiados para amarte aún más que antes. Sabes que con facilidad nuestros corazones vagan, dividiendo nuestro amor y fragmentando nuestra vida. Al volvernos a Ti llega hasta lo más profundo de nuestras vidas. Caul cirugía a corazón abierto, transfórmanos de adentro hacia afuera. Danos lealtad en nuestro amor por Ti.

Has abandonado tu primer amor. ¡Recuerda de dónde has caído! Arrepiéntete y vuelve a practicar las obras que hacías al principio. – Apocalipsis 2:4-5

Podemos recordar y hacer memoria de la pasión que sentíamos cuando primero llegamos a Ti. Pero nos hemos enfriado. Despierta esa pasión de nuevo. *Oremos:*

- que Cristo enfrente a los creyentes que se están apartando del primer amor.
- que los que nunca han amado o conocido a Cristo lo encuentren y lo sigan en obediencia y gozoso amor.

> *Salva, Jehová, porque se acabaron los piadosos, porque han desaparecido los fieles de entre los hijos de los hombres... ahora me levantaré—dice Jehová—pondré a salvo al que por ello suspira.*
> – Salmo 12:1, 5

Clama a Dios por... **las Pandillas**

Ora que Dios satisfaga sus profundos deseos de pertenencia y aceptación; que Dios quebrante las potestades espirituales y sociales que los tienen cautivos; por cristianos genuinos que los acepten con el amor auténtico de la familia de Dios; por bendición sobre los vecindarios que ellos controlan.

Caminatas en oración: Ora en un lugar impactado por actividad pandillera. Proclama la palabra de Dios al caminar, demarcando espiritualmente el barrio con grafiti invisible del señorío y amor de Dios.

...en nombre de **las Américas y el Caribe**

Antillas Holandesas, Nicaragua, Panamá, Paraguay, Perú

Clama a Dios...

para que unifique a Su pueblo

DÍA 9
jueves
13 de marzo

Los habitantes de todas las ciudades de Judá llegaron para pedir juntos la ayuda del Señor. ...Nosotros no podemos oponernos a esa gran multitud que viene a atacarnos. ¡No sabemos qué hacer! ¡En Ti hemos puesto nuestra esperanza! – 2 Crónicas 20:4, 12

Cuando un pueblo es amenazado por un enemigo en común, el temor los une. Pero esta camaradería es temporal; existe únicamente mientras dure el terror. Danos hoy una mayor unidad fruto de nuestro amor en común por Ti. En este día de traumas y temores nos juntamos a buscar de Ti. Al igual que Tu pueblo de antaño, no sabemos qué hacer; no vemos una solución fácil; y no nos atrevemos a darte sugerencias. Simplemente Te buscamos manteniendo nuestros ojos fijos en Ti. Recordamos lo que has hecho en el pasado y saboreamos Tus promesas para el futuro. Esperamos atentamente Tu gloria, con humildad y esperanza.

Tengo, además, otras ovejas que no son de este redil; a esas también debo atraer y oirán Mi voz, y habrá un rebaño y un pastor. – Juan 10:16

Rivalidades entre líderes nos han dividido. Ya ni las causas en común nos unen. Une a Tu rebaño disperso y quebrantado. Reúnenos. Llámanos. Muéstranos Tu presencia y guíanos como Pastor Supremo. *Oremos:*

- que Cristo llame a sus "otras ovejas" que ama a pesar de estar perdidas.
- que Cristo traiga unidad entre las iglesias y haya respeto y buenas relaciones entre los líderes y las congregaciones.

Clama a Dios por...**los Pastores**

Ora para que pastores y líderes en la iglesia sean llenos de sabiduría; que sean honrados por aquellos a quienes sirven; que Dios derrame Su Espíritu sobre ellos con poder y humildad, dándoles una nueva intimidad con Jesús; por protección de los planes del maligno contra sus familias; para que desarrollen amistades íntimas con otros pastores.

Caminatas en oración: Ora alrededor de una iglesia por el pastor que pastorea esa iglesia.

> *Apacentad el rebaño de Dios que está a vuestro cargo... Echad toda vuestra ansiedad sobre Él, porque Él tiene cuidado de vosotros.*
> – 1 Pedro 5:2, 7

...en nombre de las Américas y el Caribe

Puerto Rico, San Cristóbal y Nevis, Santa Lucía, San Pedro y Miquelón

DÍA 10

**viernes
14 de marzo**

Clama a Dios...
para que derrame Su Espíritu

...que regaré con agua la tierra sedienta, y con arroyos el suelo seco; derramaré Mi Espíritu sobre tu descendencia, y mi bendición sobre tus vástagos, y brotarán como hierba en un prado, como sauces junto a arroyos. Uno dirá: 'Pertenezco al Señor'... otro escribirá en su mano: 'Yo soy del Señor.'   – Isaías 44:3-5

Has prometido que Tu Espíritu descenderá, cual inundación inesperada, con fuerza para forjar nueva vida en áreas desoladas. Que venga este río y traiga nueva vida en los lugares muertos de esta ciudad. Jóvenes seguidores de Cristo se levantarán, numerosos como la hierba, fuertes como árboles. Llénalos de gran pasión y que se conviertan en nuestros defensores. Que sean leales hasta el fin y se enorgullezcan que Le pertenecen a Dios. El nombre de Dios será su identidad y deseo. El rostro de Dios será su destino y delicia. Harán público su amor por Dios como si hubieran inscrito Su nombre en las palmas de sus manos.

Si alguien tiene sed, venga a Mí y beba. El que cree en mí, como dice la Escritura, de su interior brotarán ríos de agua viva. Esto dijo del Espíritu...   – Juan 7:37-39

Envía Tu Espíritu cual río caudaloso sobre los que te buscan. *Oremos:*

- que Dios sorprenda a los que Le buscan con un gran derramamiento de Su Espíritu.
- que los creyentes se conviertan en caudales de la vida de Dios para compartirla.

Te habrá bendecido Jehová, Tu Dios, en todos tus frutos y en todas las obras de tus manos, y estarás verdaderamente alegre.
– Deuteronomio 16:15

Clama a Dios por... **los Agricultores**

Ora que Dios bendiga con gran abundancia a familias que cultivan la tierra, crían ganado, o apoyan industrias agricultoras; que sigan a Cristo y encuentren la manera de participar en iglesias dinámicas; ora especialmente por los trabajadores emigrantes, quienes a veces enfrentan injusticias y sufren grandes dificultades.

Caminatas en oración: Ora en una zona rural por la bendición de Dios sobre la tierra y las familias que Él ha puesto allí.

...en nombre de **las Américas y el Caribe**

San Vicente y Granadinas, Surinam, Trinidad y Tobago, Islas Turcas y Caicos

Clama a Dios...

para que manifieste Su presencia

DÍA 11

sábado
15 de marzo

Dichosos los que saben aclamarte, Señor, y caminan a la luz de Tu presencia; los que todo el día se alegran en Tu nombre y se regocijan en Tu justicia. – Salmo 89:15-16

Deseamos la siguiente bendición: que unidos como un solo pueblo, escuchemos el sonido distante de Tu majestad acercándose. Ya se escucha cual trompeta lejana. Incrementa el sonido para que llegue con gozo hasta el fondo de nuestro corazón. Hemos buscado Tu rostro y ahora te pedimos que la luz de Tu rostro abarque todo nuestro ser. Tu sonrisa esparce luz iluminando estos días lúgubres. Con Tu amor brillante como la luz del sol, y con la música celestial como faro que guía, avanzamos con ilusión y gozo. Lo mejor está aún por venir.

Entonces les fueron abiertos los ojos y lo reconocieron… Y se decían el uno al otro: –¿No ardía nuestro corazón en nosotros, mientras nos hablaba en el camino y cuando nos abría las Escrituras? – Lucas 24:31-32

Hemos caminado día tras día sin darnos cuenta que estás al lado nuestro. Sorpréndenos haciéndonos ver cuán cerca estás de nosotros. Oremos:

- que los ojos de los que aun no conocen a Jesús sean abiertos y reconozcan al Señor resucitado.
- que a través de las Escrituras Cristo encienda nuestros corazones con esperanza.
- que Cristo se revele a sí mismo a los que desesperan y los llene de esperanza a través de Su Palabra.

Clama a Dios por... **los Matrimonios**

Honroso es para todos el matrimonio.
– Hebreos 13:4

Dale gracias a Dios por matrimonios fuertes que reflejan Su fidelidad y hermosura. Ora especialmente por matrimonios que se encuentran bajo tal presión que están a punto de disolverse; que Dios les traiga socorro y esperanza; que sane corazones despedazados y restaure la intimidad; por todo matrimonio, que Dios renueve y centralice el enfoque de Cristo en los hogares.

Caminatas en oración:
Ora por los matrimonios en tu vecindad.

...en nombre de **las Américas y el Caribe**

Estados Unidos de América, Uruguay, Venezuela, Islas Vírgenes Americanas

Buscando Su REINO
La vida de Cristo en la tierr

Jesús anunció que Dios estaba consumando Su antiguo propósito de subyugar el mal y traer a los pueblos bajo la bendición de Su señorío.

Viviendo en la tierra con el amor del cielo

Él usó la frase "Reino de Dios" para describir el cumplimiento cercano de Su deseo de unir a las gentes y hacerlas un único pueblo, perdonando sus pecados y llenándolos con el poder necesario para vivir en la tierra con el amor del cielo.

Un mandato a orar

La venida del Reino trae consigo una guerra de gran proporción con las huestes espirituales. Cristo ya ganó la victoria con Su muerte y resurrección, y ahora es exaltado como rey del cielo y de la tierra. Porque Cristo vive y está intensificando la inminente venida de Su Reino, necesitamos obedecer el mandato de orar para ver brotes de la espléndida presencia del Reino de Dios en nuestras comunidades.

Un reino con su Rey

Este Reino no es parte de una agenda que Jesús endosa. Tampoco es un manojo de lemas éticos o ideales políticos. El reino de Cristo se trata de lo que el Rey mismo está haciendo y lo que va a hacer. Cuando las personas obedecen a Jesús confiando con simpleza y en amor, se establece el Reino.

Jesús, el Cristo resucitado, preside sin coerción. Él es paciente y apasionado. Él viene por invitación en lugar de invasión a la vida de las personas.

> *Porque el reino de Dios no es comida ni bebida, sino justicia, paz y gozo en el Espíritu Santo.*
> – Romanos 14:17

Lo que el Reino de Dios es: justicia, paz y gozo

El Cristo resucitado preside ahora mismo

Jesús no está sentado en el cielo mirando de lejos a Sus seguidores luchar contra el mal o tratar de comportarse como Él. No, Jesús está en medio de nosotros como Rey glorioso. A Él le ha sido conferida toda autoridad en el cielo y la tierra y ahora está usando esta autoridad para cumplir la obra que el Padre le ha confiado. Por esta razón Jesús nos enseñó a orar diciendo, con toda la hermosura y poder del cielo, para que su reino se manifieste en sitios reales en la tierra.

Orando para que el Rey venga

Durante el resto de esta jornada de 40 días de oración, estaremos buscando a Dios para que establezca Su Reino. Una forma específica de orar por el Reino de Dios es orar por la consumación de lo que Cristo inició: la proclamación del evangelio del Reino. Iniciaremos esta semana orando por el evangelio del Reino para que sea comunicado de una forma clara a todo pueblo en todo lugar.

Lo que el Reino de Dios es: justicia, paz y gozo

El reino de Dios no es únicamente lo que sucede dentro de las cuatro paredes de una iglesia, ni tampoco una lista de agendas políticas, ni un código de conducta cristiana. Pablo dijo:

> "...el reino de Dios no es comida ni bebida, sino justicia, paz y gozo en el Espíritu Santo". *(Romanos 14:17)*

Dedicaremos una semana a orar por cada uno de los siguientes tres puntos: justicia, paz y gozo. Cada uno de estos tres puntos sólo se puede lograr a través de la vida y el poder del Espíritu Santo.

Jesús con toda su paciencia, mas con gran ardor, está ganando la guerra contra el mal. A nosotros se nos ha encomendado orar y obrar a Su lado.

Buscando el reino de Dios

Buscando el EVANGELIO del REINO

16 al 22 de marzo SEMANA 2

El comienzo de la esperanza del reino de Cristo es el mensaje del reino de Dios. Cristo está llevando al mundo entero a vivir bajo Su señorío. Él está frustrando el mal, liberando a la gente y estableciendo puestos de vida celestial aquí en la tierra. Cuando la gente responde al llamado de Dios a vivir como siervos de Cristo, son transformados y se convierten en los representantes de Dios para transformar las comunidades donde viven.

> *El evangelio del reino será proclamado en todo el mundo para testimonio a todas las naciones, y entonces vendrá el fin.*
> —Mateo 24:14
> (traducción del autor)

Jesús dijo que el evangelio del reino sería proclamado "en todo el mundo para testimonio a todas las naciones, y entonces vendrá el fin" (Mateo 24:14). Qué esperanza maravillosa: todo el mundo y todas las naciones. Podemos orar confiados que el evangelio será predicado en toda región del mundo y a toda cultura del mundo. La evangelización es el punto de partida para todo lo que Dios va a hacer para traer transformación.

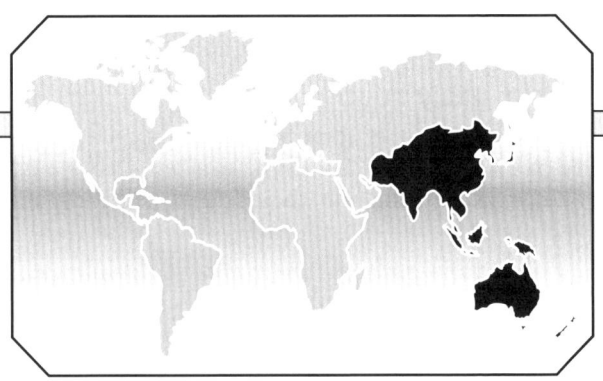

Esta semana extenderemos nuestras oraciones por los pueblos, ciudades, iglesias y familias de Asia y la región del Pacífico.

ASIA y el PACÍFICO

[20]

Clama a Dios...

para que envíe a Sus seguidores a todo lugar

DÍA 12

domingo
16 de marzo

Será tu descendencia como el polvo de la tierra, y te extenderás al occidente, al oriente, al norte y al sur; y todas las familias de la tierra serán benditas en ti y en tu simiente. – Génesis 28:14

Tu promesa a Jacob hace ya tantos años ha sido parcialmente cumplida. Debido a la resurrección de Jesús, millones que han creído en Él han sido injertados en la familia de Jacob. Y nosotros nos podemos contar entre ellos. Pero aun siendo millones, todavía necesitamos llegar a todo lugar. Continúa enviando a Tu pueblo por todo rincón de este planeta. Envíanos a nuestras propias ciudades para que la bendición del evangelio sea proclamada en todo círculo y lugar. Que esa bendición sea palpable y que en cada lugar que se ha escuchado el evangelio, también se pueda observar el mismo. Demuestra señales tangibles de Tu gran bondad.

Y será predicado este evangelio del reino en todo el mundo, para testimonio a todas las naciones, y entonces vendrá el fin. – Mateo 24:14

Prepara a creyentes comunes y corrientes para proclamar Tus buenas nuevas. Respalda su testimonio con demostraciones claras de Tu amor en las familias y vecindades de nuestro país. *Oremos:*

- que cristianos reciban este llamado como un mandato y laboren juntos para completar la obra de evangelización mundial.
- que el evangelio sea proclamado a los que no han sido alcanzados en nuestra propia ciudad.
- que el evangelio del reino sea presentado con claridad, sabiduría y poder.

Clama a Dios por... **los Educadores**

Ora que maestros y consejeros impartan sabiduría divina para formar el carácter de sus estudiantes; por los materiales necesarios y una planta física adecuada; por aquellos que enseñan a sus hijos desde el hogar; por un renovado fervor por la verdad y la virtud; que tengan la oportunidad de conocer a Dios en Cristo; que creyentes sepan cómo orar por sus estudiantes.

Caminatas en oración: Al caminar alrededor de una escuela, ora por los administradores, maestros y el resto del personal.

...pero cualquiera que es plenamente instruido será como su maestro.
– Lucas 6:40

...en nombre de **Asia** *y el* **Pacífico**

Afganistán, Samoa Americana, Antártida, Australia, Bangladesh, Bután, Brunei, Camboya

DÍA 13

**lunes
17 de marzo**

Clama a Dios...

para que fortalezca la proclamación de Su palabra

La gloria de Tu reino digan y hablen de Tu poder, para hacer saber a los hijos de los hombres Sus poderosos hechos y la gloria de la magnificencia de Su reino.
— Salmo 145:11-12

Prometiste que gente sencilla un día hablaría de Tu reino con claridad y lucidez; y que hablarían de tal forma que los que escuchen queden maravillados por lo esplendoroso que es vivir bajo Tu señorío. Que se dé esto en nuestros días. Necesitamos algo más que grandilocuencia para presentar Tu poder. ¿Mas, cómo pueden meras palabras revelar la gloria de ser amado y guiado por Jesús? Llena la fuente de nuestro corazón e impregna nuestras palabras con la fragancia del cielo. Haz que Te vean como historia viva. Y revela la hermosura de Tu reinado.

...Pero tú vete a anunciar el reino de Dios. — Lucas 9:60

¿Qué significa el mandato "pero tú" para nosotros? ¿A quién nos estás enviando? Hemos dejado que los "profesionales" sean los que predican el evangelio en la ciudad. Sin embargo, ni los predicadores más expertos tienen acceso a todas las personas en toda situación social en la comunidad. Comisiona a todo siervo que ama Tu reino venidero a estar dispuesto a predicar. *Oremos:*

- que el evangelio sea proclamado en todo rincón de la ciudad.
- que el Rey sea el Personaje central de nuestra plática del reino de Dios para que la belleza de vivir bajo el señorío de Cristo sea revelada.

Alégrense y gócense las naciones, porque juzgarás los pueblos con equidad y pastorearás las naciones en la tierra.
— Salmo 67:4

Clama a Dios por... **los Indígenas**

Ora para que indígenas que viven cerca de tu ciudad sean honrados por quienes son y por quien Dios espera que sean; que Dios sane las heridas de nuestra nación como resultado del maltrato y de los pactos abrogados; que las tribus reciban trato justo y puedan realizar su destino con dignidad; que sus iglesias prosperen y que las alabanzas a Dios retumben en los idiomas indígenas.

Caminatas en oración: Al caminar en oración, recuerda y bendice a los indígenas que primero ocuparon la región donde está ubicada tu ciudad.

...en nombre de **Asia** *y el* **Pacífico**

China, Taiwán, Isla de Navidad, Islas Cocos, Islas Cook, Fiyi

Clama a Dios...

DÍA 14

para que rescate a los esclavos de las tinieblas espirituales

martes
18 de marzo

Y te pondré ...por luz de las naciones, para que abras los ojos de los ciegos, para que saques de la cárcel a los presos y de casas de prisión a los que moran en tinieblas. – Isaías 42:6-7

Sabemos lo que es ser cegado por nuestra propia maldad y estar atado espiritualmente. Muchos en esta ciudad viven, sin darse cuenta, atrapados en patrones pecaminosos. Ven, Señor Jesús. Eres la Luz del mundo. Envía Tu luz que penetre con poder sanador. Libera a los cautivos de las tinieblas. Abre sus ojos sellados por estas ataduras e ilumina sus mentes entenebrecidas. Abre las puertas de sus prisiones, y remueve las cadenas de sus corazones. Llama a cada persona a huir de lo que los ha atado en el pasado, y que Te sigan con fidelidad y agradecimiento.

Entonces Jesús les dijo: -Aún por un poco de tiempo la luz está entre vosotros; andad entretanto que tenéis luz, para que no os sorprendan las tinieblas.
– Juan 12:35

Luz del Mundo, continúa brillando. Rescata a muchos más de esta ciudad del dominio de las tinieblas. *Oremos:*

- que Dios extienda las horas de luz, conteniendo las tinieblas para que todavía muchos puedan seguirle.
- que la luz de Cristo penetre las áreas de resistencia de la ciudad.
- que los que ya han vislumbrado la luz de Cristo escojan seguirlo y caminar con Él.

Clama a Dios por... **los Huérfanos**

Ora por los niños que han perdido sus padres o que se encuentran alejados de sus padres en guarda temporal; por hogares seguros y amorosos que se conviertan en hogares permanentes con padres adoptivos o guardas dedicados a Dios; por sanidad de los efectos del abuso físico, emocional o sexual; para que grupos de hermanos sean adoptados juntos; por miles de jóvenes que ya han sobrepasado la edad de adopción para que encuentren mentores sabios y un lugar seguro en la familia de Dios.

Caminatas en oración: En muchas vecindades Dios está haciendo un llamado a la adopción y la guarda temporal de niños. Ora que los que responden actúen en Su gracia, amor y sabiduría.

Tú, Señor, escuchas la petición de los indefensos, les infundes aliento y atiendes a su clamor. Tú defiendes al huérfano y al oprimido.
– Salmo 10:17-18

...en nombre de **Asia** *y el* **Pacífico**

Polinesia Francesa, Guam, Hong Kong, India, Indonesia, Japón, Kiritabi

DÍA 15

miércoles
19 de marzo

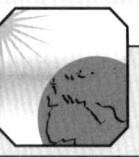

Clama a Dios...

que traiga sanidad reveladora de Su gloria

Ellos verán la gloria del Señor, el esplendor de nuestro Dios. ...digan a los de corazón temeroso: "Sean fuertes, no tengan miedo. Su Dios vendrá..." Se abrirán entonces los ojos de los ciegos y se destaparán los oídos de los sordos; saltará el cojo como un ciervo, y gritará de alegría la lengua del mudo.
— Isaías 35:2, 4-6

Muchos viven con la premonición de que la vida es corta, sombría y sin esperanza alguna. A ellos les decimos "¡Dios viene y trae consigo Su reino!" Mas eso no significa nada para ellos y se ríen de nuestra simpleza. Toca a los que están quebrantados en su cuerpo y sánalos porque esto abrirá sus ojos y podrán verte. Verán la gloria de Dios y sentirán Tu amor sin barreras por ellos. Y estarán seguros que regresarás. Al ser sanados, sus corazones esperarán con ansias Tu gloria venidera.

Recorría Jesús toda Galilea...predicando el evangelio del Reino y sanando toda enfermedad y toda dolencia en el pueblo. — Mateo 4:23

Dale a Tu pueblo tal ilusión por la llegada de Tu reino que se animen a orar por los enfermos. Demuestra la bondad inmensurable del reino de Cristo. Confirma el mensaje con poder palpable sobre lo que aflige nuestro cuerpo y alma. *Oremos:*

- que la declaración del evangelio del reino vaya acompañada de la demostración del poder del amor de Dios.
- que los cristianos oren con compasión por los enfermos tal como lo hizo Jesús.

Bienaventurado todo aquel que teme a Jehová y anda en Sus caminos: cuando comas del trabajo de tus manos, serás feliz, y te irá bien.
— Salmo 128:1-2

Clama a Dios por... **los Trabajadores**

Ora que Dios dé a conocer la dignidad y el honor de trabajar como si uno trabajara para Cristo; que los lugares de trabajo tengan un ambiente de seguridad, gozo y amistad; que los obreros sean tratados con imparcialidad y dignidad; por empleo continuo en esta inestable economía global; que muchos decidan seguir a Cristo y servirle abiertamente junto con otros empleados.

Caminatas en oración: Casi todas las comunidades tienen fábricas, proyectos de construcción, y otros tipos de industrias. Ora por los obreros en estos lugares.

...en nombre de **Asia** y el **Pacífico**

Corea del Norte, Corea del Sur, Laos, Macao, Malasia, Maldivas, Islas Marshall, Micronesia

Clama a Dios...

para que levante muchas congregaciones nuevas

DÍA 16
jueves
20 de marzo

Y él se levantará y los apacentará con el poder de Jehová, con la grandeza del nombre de Jehová, Su Dios; y morarán seguros, porque ahora será engrandecido hasta los confines de la tierra.
— Miqueas 5:4

Demuestra Tu majestad por toda la tierra. Tal como ha sido escrito, así serás conocido. Eres el Rey Pastor que tanto hemos esperado. Te levantarás con gran celo trayendo contigo el rebaño más grande de todos los tiempos. Nadie queda fuera de Tu alcance. Ya te podemos ver, caminando por la ciudad, intrépido y celoso, tan impactante como eres bueno. Encuentra a aquellas ovejas perdidas y descarriadas de las cuales no se conoce su paradero. Haz que se sientan como rebaño con muchos lugares diferentes en la ciudad donde guarecerse.

El Señor... envió de dos en dos delante de Él a toda ciudad y lugar adonde Él había de ir. Y les dijo... "Id; Yo os envío como corderos en medio de lobos."
— Lucas 10:1-3

Pastor Conquistador, envíanos a toda región de la ciudad. Mantennos débiles como ovejas para que Tu poder sea evidente. Trae muchos a casa, a Dios, por el poder del evangelio. *Oremos:*

- que los creyentes lleven el evangelio a toda vecindad y establezcan nuevas congregaciones.
- que Cristo triunfe sobre las fuerzas espirituales que se oponen al evangelio, y que Su pueblo despliegue el carácter de Cristo en medio de esta oposición.

Clama a Dios por... **la Juventud**

Ora para que los adolescentes dediquen sus vidas radicalmente a Cristo; que tomen decisiones prudentes; por consejeros sabios; por amistades sólidas con aquellos de su generación que siguen a Jesús; por confianza y comunicación abierta con sus padres; para que los propósitos de Dios para su generación se cumplan en su totalidad.

Caminatas en oración: Ora con tus ojos abiertos por los adolescentes. Imagínalos siguiendo a Cristo de cinco a diez años en el futuro.

Nuestros hijos sean como plantas crecidas en su juventud, y nuestras hijas como columnas labradas de las esquinas de un palacio... ¡Bienaventurado el pueblo cuyo Dios es Jehová!
— Salmo 144:12, 15

...en nombre de **Asia** y el **Pacífico**

Mongolia, Myanmar, Nauru, Nepal, Nueva Caledonia, Nueva Zelanda, Niue, Isla Norfolk

DÍA 17

**viernes
21 de marzo**

Clama a Dios...

que avance proyectos y movimientos que abarcan toda la ciudad

Aún vendrán pueblos y habitantes de muchas ciudades. Vendrán los habitantes de una ciudad a otra y dirán: ¡Vamos a implorar el favor de Jehová y a buscar a Jehová de los ejércitos!" ¡Yo también iré! Y vendrán muchos pueblos y naciones poderosas a buscar a Jehová de los ejércitossts.
– Zacarías 8:20-22

Desata reacciones en cadena en esta ciudad. Mueve a una persona a contarle a otra, y luego ésta a otra más hasta que la ciudad entera haya escuchado el mensaje de las buenas nuevas. Te visualizamos obrando: preparando vidas en los hogares, visitando las calles hasta permear la infraestructura del comercio, de lugares de entretenimiento, de los pasillos del gobierno. Haz que los que sentían una simple curiosidad se conviertan en buscadores serios; y que los buscadores se conviertan en líderes. Ya estás obrando en las vidas de tantas personas, que te rogamos que te apresures y que pongas en el lugar indicado a las personas clave que pondrán en marcha movimientos de gran proporción en la ciudad.

Enseguida toda la gente, viéndolo, se asombró; y corriendo a Él, lo saludaron.
– Marcos 9:15

Es bueno que las masas se asombren cuando al fin Te ven cual realmente eres. Si la gente pudiera ver Tu magnificencia, correrían hacia Ti. Abre los ojos de la gente. *Oremos:*

- que grupos en el trabajo, círculos de amistades, compañeros en la escuela, familias en casa –no importa el tipo de conexión– encuentren a Jesús.

- que Jesús asombre a la gente con lo que hace y aún más, con Quién es.

Lo que ustedes deben hacer es decirse la verdad, y juzgar en sus tribunales con la verdad y la justicia. ¡Eso trae la paz!
– Zacarías 8:16

Clama a Dios por... **los Medios de Comunicación Masiva**

Ora que todas las personas que trabajan en la industria de la comunicación, ya sea oral o escrita, lleguen a conocer a Jesús personalmente; que cambien las actitudes cínicas; para que aquellos que aman a Cristo sean fortalecidos en sabiduría; por un énfasis mayor en la virtud y los valores morales del reino en su trabajo y a través de tu ciudad.

Caminatas en oración: Visita un centro de comunicación, una emisora de televisión o radio, o un periódico. Ora por todos los que están asociados con esa empresa.

...en nombre de **Asia** y el **Pacífico**

Marianas del Norte, Pakistán, Palau, Papúa-Nueva Guinea, Filipinas, Samoa, Singapur, Islas Salomón

Clama a Dios...
que logre renombre por Sus obras

DÍA 18

sábado
22 de marzo

Se perpetuará Su nombre mientras dure el sol... Bendito Jehová Dios, el Dios de Israel, el único que hace maravillas. ¡Bendito Su nombre glorioso para siempre! ¡Toda la tierra sea llena de Su gloria.
— Salmo 72:17-19

A pesar de todas las cosas buenas que has hecho en esta ciudad, nadie te reconoce. Pero ya basta de anonimidad. Revela Tu nombre cada vez que cambias una vida. Date a conocer por Quien realmente eres. Llena nuestra ciudad de Tu gloria cuando se predica el evangelio, cuando son contestadas oraciones hechas en Tu nombre, cuando eres alabado abiertamente. Buscamos gloria palpable. Hazte conocer por Tus obras fuera de las cuatro paredes de las iglesias. Tu Gloria nos vislumbra cuando vemos familias renovadas en el amor, o cuando vemos a adictos ser liberados de hábitos debilitantes, o cuando los que estaban deprimidos muestran tener el corazón lleno de gozo otra vez. Estos sí son milagros. Transforma tal cantidad de vidas que la comunidad entera despierte poco a poco a ver Tu gloria. Inunda la ciudad con luz cual sol naciente.

"Pero para esto he llegado a esta hora. Padre, glorifica Tu nombre." Entonces vino una voz del cielo: "Lo he glorificado, y Lo glorificaré otra vez." — Juan 12:27-28

Glorifícate, Padre. Lo has hecho anteriormente y has prometido que lo harás de nuevo. *Oremos:*

- que creyentes oren y laboren juntos con el mismo propósito de Jesús: la gloria de Dios al esparcirse el evangelio.
- que Dios sea reconocido por transformar vidas.

Clama a Dios por... los Solteros

El no casado se preocupa de las cosas del Señor, de cómo agradar al Señor.
— 1 Corintios 7:32

Ora para que Cristo llene el corazón de los solteros con Su amor; que puedan conocer y saborear la satisfacción que solamente se halla en Dios; que sus amistades produzcan plenitud de relación; por pureza sexual y sencillez en su estilo de vivir; por matrimonios maravillosos para aquellos que lo deseen. Ora por aquellos que son solteros debido al divorcio o la muerte, que reciban sanidad y nueva esperanza para su vida en el futuro.

Caminatas en oración:
Bendice a los solteros. Ten en cuenta sus vidas. Ora por su futuro y su esperanza.

...en nombre de Asia y el Pacífico

Sri Lanka, Tailandia, Tíbet, Timor, Tonga, Tuvalu, Vanuatu, Vietnam, Wallis y Futuna, Papúa Occidental

Buscando el reino de Dios

Buscando la
JUSTICIA del REINO

23 al 29 de marzo   SEMANA 3

Nuestra sociedad rechaza la idea de que todavía existen la virtud, la pureza y la excelencia moral. Si alguien cree estar en lo correcto, de hecho ya está condenando a otro como equivocado. Pero nuestro Dios ama la justicia. En el principio Él creó todo con belleza y orden –una virtud que ha sido pervertida por el pecado. En el día final Él establecerá un nuevo cielo y una nueva tierra "en los cuales mora la justicia" (2 Pedro 3:13).

Nacerá el sol de justicia y en Sus alas traerá salvación.
– Malaquías 4:2

Esta semana oraremos para que Dios traiga justicia a nuestras comunidades. La integridad moral está en estrecha relación con la justicia. Oraremos con fervor y anhelo para que el Rey Jesús continúe en Su guerra contra el mal en forma tangible, liberando a los oprimidos. Cristo está salvando a la gente sin mirar si sus aflicciones son el resultado de sus propias decisiones o de la injusticia de otros. Cristo nos enseña que debemos buscar Su Reino, y por ende Su justicia.

Esta semana oraremos por las ciudades, pueblos, tribus y naciones del Continente Africano.

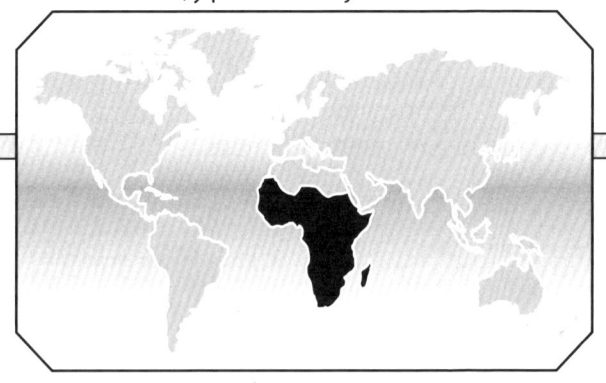

ÁFRICA

Clama a Dios...

para que establezca justicia

DÍA 19

domingo
23 de marzo

Este es Mi Siervo, Yo lo sostendré; Mi escogido, en quien Mi alma tiene contentamiento. He puesto sobre Él mi Espíritu; Él traerá justicia a las naciones. No gritará, no alzará Su voz ni la hará oír en las calles... por medio de la verdad traerá la justicia. No se cansará ni desmayará, hasta que establezca en la tierra la justicia.
– Isaías 42:1-4

¡Envía a Tu Siervo a esta ciudad! Los oprimidos por la crueldad no abrigan ya esperanza. Pero Tú nunca te has dado por vencido. Has enviado al que conquistó la muerte misma. Tal vez nosotros lo hemos ignorado mas Él nunca ha dejado de obrar. Él ha sobrevivido a todo rey y toda corte corrupta. Él es el defensor del cielo, cubierto con el Espíritu de Dios. Se le ha encargado hacer justicia, y eso hará. Tal vez lo hemos pasado por alto porque Él no ha hecho campaña entre los ricos, ni tampoco fomenta revolución entre los pobres. Más bien Él es un Líder que trae sanidad, conformando a los débiles a Su imagen. Oramos para que Su misión sea cumplida en nuestra ciudad. Colócanos a Su lado para caminar con Él cuando visite los olvidados. Pon Su Espíritu sobre nosotros para poder obrar fielmente en la esperanza.

Os digo que pronto les hará justicia. Pero cuando venga el Hijo del hombre, ¿hallará fe en la tierra?
– Lucas 18:8

Nuestra respuesta es un rotundo ¡sí! Cuando regreses encontrarás a muchos de nosotros creyendo en Ti con oraciones y con hechos. *Oremos:*

• que Dios haga justicia para con los que sufren.
• que los creyentes oren y laboren con fe perseverante.

Clama a Dios por... **los Turistas Internacionales**

Ora para que los estudiantes, obreros y personas de negocios de otros países sean tratados con respeto y honor; que disfruten de nuevas amistades; que encuentren el mensaje del evangelio claramente declarado y afectuosamente demostrado.

Caminatas en oración:
Busca un lugar público o algún negocio que atrae a visitantes o estudiantes internacionales. Al ver personas de otras nacionalidades, ora que Dios les bendiga: a ellos y a sus tierras natales.

Harás congregar al pueblo —los hombres, las mujeres, los niños y los forasteros que estén en tus ciudades—, para que oigan y aprendan a temer a Jehová vuestro Dios.
– Deuteronomio 31:12

...en nombre de **ÁFRICA**

Angola, Benín, Bostwana, Burkina Faso, Burundi, Camerún, Cabo Verde

[29]

DÍA 20

**lunes
24 de marzo**

Clama a Dios...

para que perdone la corrupción de muchos contra Su gloria

Tuya es, Señor, la justicia, y nuestra la confusión de rostro...Inclina, oh Dios mío, Tu oído, y oye; abre Tus ojos, y mira nuestras desolaciones... Oye, Señor; oh Señor, perdona; presta oído, Señor, y hazlo; no tardes, por amor de Ti mismo, Dios mío; porque Tu nombre es invocado sobre Tu ciudad y sobre Tu pueblo.
– Daniel 9:7, 18-19

En la ciudad, en la economía, en nuestras relaciones y en tantas otras maneras, la gente en nuestra ciudad sufre las consecuencias de la maldad de otros. Podríamos excusarnos diciendo que nosotros no hemos hecho nada malo. Sin embargo somos contados como parte de ese grupo. Muchos han prosperado en el pasado perpetrando la injusticia. Otros continúan en la maldad. Nos presentamos ante Ti representando cada persona de la comunidad y confesamos nuestra maldad como pueblo. ¡Perdónanos y ayúdanos! No tenemos cómo pedirte esto, excepto porque conocemos Tu inimitable compasión.

Y sucedió que le llevaron un paralítico tendido sobre una camilla. Al ver Jesús la fe de ellos, dijo al paralítico: —Ten ánimo, hijo; tus pecados te son perdonados. – Mateo 9:2

La fe que exhibieron unos Te movió a perdonar los pecados de otro. Mira ahora a nuestra ciudad, Señor. Te presentamos nuestra comunidad una persona a la vez. *Oremos:*

- que Cristo sane a los que han sido paralizados por el pecado.
- que Cristo honre la fe de los creyentes que desesperan porque sus amigos Te conozcan.

Y vosotros, padres, no provoquéis a ira a vuestros hijos, sino criadlos en la disciplina y la instrucción del Señor.
– Efesios 6:4

Clama a Dios por... **los Padres**

Ora que los padres miren a Dios como la Cabeza titular y espiritual de sus hogares y que sirvan a sus familias con cariño; que Dios inspire a los padres de la comunidad con una visión de paternidad sana que presta apoyo a la familia; que padres ausentes cambien sus estilos de vida para dar aliento a sus esposas e hijos; que los hijos lleguen a ver el carácter de nuestro Padre celestial en las vidas de sus padres terrenales.

Caminatas en oración: Ora por los padres que se encuentren cerca de tu hogar o lugar de trabajo.

...en nombre de ÁFRICA

República Centroafricana, Chad, Comores, República Democrática del Congo, Costa de Marfil, Yibuti

Clama a Dios... **DÍA 21**

que nos dé el don de justicia

**martes
25 de marzo**

He aquí que aquel cuya alma no es recta, se enorgullece; mas el justo por su fe vivirá.
– Habacuc 2:4

Lo peor ha sido que nos hemos corrompido tratando de justificarnos. Ya no existen líneas rectas en nuestra alma. Hemos dejado de medir nuestras vidas contra la plomada de Tu justicia y hemos perdido el sentido del bien y el mal. ¡Rescátanos! Endereza todo lo torcido en nuestro arrogante corazón y concédenos aquello que nos llevará a vivir una vida justa: el don de fe. Y que con esta fe vivamos a diario confiando totalmente en Ti y no en nuestro necio orgullo. Oramos por otros en la ciudad para que ellos también pongan su confianza en Ti y vivan en la hermosura de la humildad y justicia que sólo Tú sabes dar.

Sus discípulos, al oír esto se asombraron mucho, y decían: —¡Quién, pues, podrá ser salvo? Mirándolos Jesús, les dijo: —Para los hombres esto es imposible, pero para Dios todo es posible.
– Mateo 19:25-26

Ven poderoso Salvador, haz lo imposible: salva a los que ponen su confianza en sí mismos. Continúa llamando a los ricos y a los religiosos, para quienes ha sido más difícil poner su confianza en Ti. En Tu abundante paciencia, espera el momento en que se vuelvan a Ti y pongan sus vidas en Tus manos. Oremos:

- que Cristo llame a muchos de entre los intelectuales, los ricos, los religiosos, los poderosos.
- que Dios conceda Su don salvador de justicia a muchos en la comunidad.

Clama a Dios por... **los que Están por Nacer**

Ora que estas preciosas criaturas sean reconocidas y honradas por todos; que cada una de ellas encuentre refugio en un hogar; que cese el horrible desperdicio de sus vidas; que lleguen a recibir a Cristo a una temprana edad; ora por los padres de los bebés aún por nacer, que Dios cambie sus corazones para que amen a sus hijos.

Caminatas en oración: Al orar por tus vecinos o compañeros de trabajo, pídele a Dios que rompa su estilo de vida egocéntrico que no toma en cuenta a los niños, y que perdone y sane a aquellos que en alguna manera hayan causado daño a sus hijos.

Él librará al afligido que no tenga quien lo socorra. Él...les salvará la vida. De engaño y de violencia redimirá sus almas, y ante Sus ojos será preciosa la sangre de ellos.
– Salmo 72:12-14

...en nombre de **ÁFRICA**

Guinea Ecuatorial, Eritrea, Etiopía, Gabón, Gambia, Ghana, República Guinea, Guinea-Bissau

DÍA 22
miércoles 26 de marzo

Clama a Dios... para que se levante en contra de los enemigos espirituales

¿Hasta cuándo, Dios, nos insultará el angustiador? ¿Ha de blasfemar el enemigo perpetuamente contra Tu nombre? ¡Mira al pacto, porque los lugares tenebrosos de la tierra están llenos de habitaciones de violencia! No vuelva avergonzado el abatido; ¡el afligido y el menesteroso alabarán Tu nombre! ¡Levántate, Dios! ¡Aboga Tu causa!
— Salmo 74:10, 20-22

Ciertas áreas de nuestras ciudades se han convertido en zonas de guerra, y personas inocentes han sido alcanzadas por la violencia y el crimen. Mucha gente justa se ha alejado de estos lugares, y muchos más se irían si tan solo pudieran, mas no tienen escape. Y es en favor de ellos que nos presentamos ante Ti. Subyuga los poderes del maligno que aumentan nuestra ira y alimentan nuestra avaricia. Rompe el círculo vicioso de la venganza y el odio. ¡Levántate, Dios! Eres el Juez de toda la tierra. Detén los poderes perniciosos del mal que han entenebrecido nuestra tierra. Protege el lugar de los justos. Sé su defensa y conviértelos en Tus agentes de perdón y luz.

Y a esta hija de Abraham, que Satanás había atado dieciocho años, ¿no se le debía desatar de esta ligadura en Sábado? Al decir Él estas cosas, se avergonzaban todos sus adversarios; pero todo el pueblo se regocijaba por todas las cosas gloriosas hechas por Él.
— Lucas 13:16-17

Pon en libertad a los controlados por el poder de Satanás. Avergüenza a los que se oponen a Ti, haciendo grandes maravillas que Te traen gran gloria. *Oremos:*

- que Dios libere a mujeres, hombres y niños de las ataduras de los poderes de la oscuridad en esta ciudad.

- que los que han sufrido por años sean liberados de forma dramática de aflicciones físicas y de la tiranía de Satanás.

Buscad a Dios y vivirá vuestro corazón, porque Jehová oye a los menesterosos y no menosprecia a sus prisioneros.
— Salmo 69:32-33

Clama a Dios por... los Encarcelados y sus Familias

Ora que personas encarceladas escuchen el evangelio y sigan a Cristo; que las agrupaciones de creyentes en las prisiones se multiplique; que sean protegidos de la violencia y las fuerzas espirituales de la maldad; que los cónyuges y los hijos de prisioneros sean apoyados, protegidos, alimentados y honrados justamente; que aquellos puestos en libertad hallen la fortaleza y sabiduría para conllevar vidas abundantes.

Caminatas en oración: Ora cerca de una cárcel. O si no, ora por los hogares de aquellos que tienen miembros de sus familias encarcelados aún si no sabes quiénes son.

...en nombre de ÁFRICA
Kenia, Lesotho, Liberia, Madagascar, Malawi, Malí, Mauritania, Mauricio

Clama a Dios... DÍA 23

para que le dé a nuestros líderes pasión por la verdad

jueves
27 de marzo

He aquí que para justicia reinará un rey y príncipes presidirán en juicio. No se ofuscarán entonces los ojos de los que ven, y los oídos de los que oyen te escucharán con atención. El corazón de los necios entenderá para comprender... El ruin nunca más será llamado generoso... Porque el ruin habla ruindades y su corazón maquina iniquidad... – Isaías 32:1, 3-6

Oramos por nuestros líderes para que vayan tras la verdad y busquen la justicia en nuestra comunidad. Dales ambición por el bien por amor a la verdad. Rodéalos de personas de alta integridad. Dales valor para ignorar los que se creen sabios mas hacen lo incorrecto y falso. Confiere la sabiduría de la integridad de Cristo sobre los gobernantes, instructores, jueces o consejeros. Que demuestren justicia verdadera basada en la verdad.

Le dijo entonces Pilato: ¿Luego, eres tú rey? Respondió Jesús: Tú dices que Yo soy Rey. Yo para esto he nacido, y para esto he venido al mundo, para dar testimonio a la verdad. Todo aquel que es de la verdad, oye Mi voz. Le dijo Pilato: ¿Qué es la verdad? – Juan 18:37-38

Rey Jesús, reta a los líderes de esta tierra a amar la verdad más que el poder. Revélales el papel tan importante que ellos juegan en sus posiciones de autoridad. Llámalos a ser amantes de la verdad y a guiarnos en ella. *Oremos:*

- que Cristo, con gentileza pero con firmeza, se presente cara a cara ante los cínicos y los curiosos.
- que Jesús le demuestre a los líderes que Él es Rey.
- que los que realmente buscan la verdad escuchen la voz de Jesús.

Clama a Dios por... las Personas de Negocios

Pídele a Dios que bendiga a aquellos que basan sus negocios en rectitud. Ora que Dios prospere a aquellos que ejercen sus negocios como si fuera una misión en el Reino de Dios. Ora que el evangelio sea propagado en las plazas del comercio; por gerentes y ejecutivos justos y honrados; por empresarios creativos y piadosos.

Ora que Dios frustre los planes que intensifican la injusticia.

Caminatas en oración: Cuando pases cerca de un negocio hoy, ora que Cristo sea obedecido y que Su nombre sea honrado en ese local. Ora que Dios bendiga todo lo que manifiesta Su reino.

Al contrario, acuérdate de Jehová tu Dios. Él es el que te da poder para hacer riquezas.
– Deuteronomio 8:18

...en nombre de **ÁFRICA**
Mayotte, Mozambique, Namibia, Niger, Nigeria,
República Democrática del Congo, Reunión

DÍA 24

viernes
28 de marzo

Clama a Dios...
por valentía para abogar por la justicia

¡Jehová reina! ¡Regocíjese la tierra! ... Sus relámpagos alumbraron el mundo; la tierra vio y se estremeció. Los montes se derritieron como cera. ... delante del Señor de toda la tierra. Los cielos anunciaron su justicia, y todos los pueblos vieron su gloria... Los que amáis a Jehová, aborreced el mal; Él guarda las almas de sus santos; de mano de los impíos los libra. Luz está sembrada para el justo, y alegría para los rectos de corazón.
– Salmo 97:1, 4-6, 10-11

En la hora final iluminarás el mundo con juicio que derretirá las montañas. Vendrás como relámpago, y Tu juicio será tan perfecto y poderoso que la tierra no sabrá si ofuscarse o celebrar. Nos gozamos en Tu juicio. Danos oídos para escuchar los cielos cantar la gloria de Tu justicia. Danos ojos para verte enfrentándote al mal y poniendo todo en orden de nuevo. Rocía poquitos de ese relámpago de los últimos días en nuestros corazones tal como si estuvieras sembrando semillas de luz. Y que estas semillas florezcan como esperanza viva extendiendo a Tu pueblo a enfrentar la maldad, obrar por la justicia y esperar tu día glorioso.

También les refirió Jesús una parábola sobre la necesidad de orar siempre, y no desmayar.
– Lucas 18:1

Señor Jesús, muchos hemos perdido la esperanza de que harás justicia antes del fin. Refuerza nuestros corazones con valor para orar por Tus propósitos rectos hasta que regreses. *Oremos:*

- que Cristo anime los que están cansados en la lucha contra los enemigos de la justicia.
- que los cristianos no desmayen y continúen clamando por justicia.

Por lo demás, hermanos, orad por nosotros para que la palabra del Señor se difunda rápidamente y sea glorificada, así como sucedió también entre vosotros.
– 2 Tesalonicenses 3:1-2

Clama a Dios por... los Ministerios

Para que los ministerios cristianos sean fundamentados en la verdad de Dios, ungidos por el poder de Dios y apoyados por el pueblo de Dios; por visión y ánimo frescos para aquellos que obran en servicios especializados con el fin de aumentar el impacto de las iglesias locales.

Caminatas en oración: Busca un punto alto desde donde puedas ver tu ciudad. Ora que Dios envíe obreros cristianos a tu ciudad, y al mismo tiempo, que envíe obreros cristianos de tu ciudad a otras comunidades.

 ...en nombre de **ÁFRICA**

Ruanda, Santa Elena, Sto. Tomé y Príncipe, Senegal, Seychelles, Sierra Leona, Somalia, Sudáfrica

Clama a Dios...

que venga con bendición, guiando a la vida recta

DÍA 25
sábado
29 de marzo

Dios tenga misericordia de nosotros y nos bendiga; haga resplandecer su rostro sobre nosotros… ¡Alábente, Dios, los pueblos, todos los pueblos te alaben! Alégrense y gócense las naciones, porque juzgarás los pueblos con equidad y pastorearás las naciones en la tierra.
– Salmo 67:1, 3-4

Nunca antes has recibido tanta alabanza en la tierra como ahora, y cada día se suman más personas que Te aman. Cada año eres alabado en más idiomas distintos. En nuestra ciudad eres amado solamente por una parte de todos los que eventualmente se contarán dentro de Tus rangos. Te alabamos anticipando las grandes obras de Tu reino aún por venir. Cumple Tu promesa de misericordia para con tu pueblo y bendícenos. Cumple también Tu promesa de que serás el juez justo de los pueblos. Frustra los atentados del enemigo y pon todo en orden. Como Rey supremo, muéstrales a los pueblos de la tierra cómo seguirte con vidas rectas.

Ahora es el juicio de este mundo; ahora el príncipe de este mundo será echado fuera. Y Yo, si fuere levantado de la tierra, a todos atraeré a Mí mismo. – Juan 12:31-32

Señor Jesús, Tu muerte fue el comienzo del juicio de Satanás, dando cabida a un cambio de gobierno en la tierra. Te rogamos que uses el poder de Tu cruz y Tu resurrección en contra de los poderes del mal en esta ciudad. Sé exaltado y atrae a muchos a seguirte. *Oremos:*

- que Dios contenga los poderes del mal que mantienen a la gente atada al pecado.
- que el Señor resucitado sea exaltado en nuestra comunidad y así atraiga muchas personas a venir a Él.

Clama a Dios por... **las Artes y la Industria del Entretenimiento**

Que Dios inspire a los artistas y aquellos que trabajan en la industria del entretenimiento con ingenio y prudencia que reflejen la hermosura del carácter de Dios; que ellos mismos busquen a Dios y lleguen a seguir a Cristo con valor; que sus obras demuestren fortaleza, bondad y esperanza en nuestras comunidades.

Caminatas en oración: Visita un teatro, un museo de arte, o un local de entretenimiento con el propósito de orar por los artistas y el personal de apoyo.

> *…y lo ha llenado del Espíritu de Dios, con sabiduría, entendimiento, conocimiento y toda habilidad de artesano… para realizar toda clase de labor artística.*
> – Éxodo 35:31, 33

...en nombre de **ÁFRICA**

Sudán, Sudán del Sur, Swazilandia, Tanzania, Togo, Uganda, Sahara Occidental, Zambia, Zimbabwe

Buscando el reino de Dios

Buscando el PAZ del REINO

30 de marzo al 5 de abril SEMANA 4

La paz pareciera no ser más que un deseo hueco de los diplomáticos y las ganadoras de concursos de belleza. Pero ciertamente nuestro Señor nos prometió que las guerras y los conflictos aumentarían. Sin embargo, las Escrituras nos llaman a orar por paz y a ser pacificadores. ¿Cómo quiere Dios que oremos?

Podemos orar por lo que Dios se ha propuesto. Lo que Él desea es que se den brotes de paz donde se encuentran los peores problemas del mundo. Esta semana estamos orando específicamente por la paz del reino de Cristo. Cada vez que Jesús sana una relación, o logra conciliación en una familia en conflicto, o restaura honor y respeto entre las diferentes razas, Él está haciendo una demostración palpable de Su reino venidero. Estas manifestaciones de paz nos dejan ver que Jesús eventualmente aplastará el mal y reconciliará el mundo a Él. Busca a Dios para que traiga Su reino con poder glorioso para hacer la paz a tu hogar, a tu vecindario, a tu ciudad y a tu país.

He aquí que yo extiendo sobre ella la paz como un río.
– Isaías 66:12

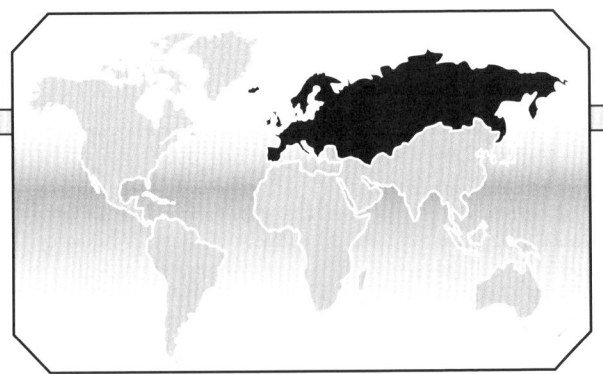

Esta cuarta semana dirigiremos nuestras oraciones con y por la gente, iglesias y países de Europa y Eurasia.

EUROPA y EURASIA

Clama a Dios...
para que llene la ciudad con personas de paz

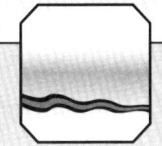

DÍA 26
domingo
30 de marzo

El Señor... llenó a Sión de juicio y de justicia. Y reinarán en tus tiempos la sabiduría y la ciencia, y abundancia de salvación; el temor de Jehová será su tesoro. He aquí que Sus embajadores darán voces afuera; los mensajeros de paz llorarán amargamente... Ha anulado el pacto, aborreció las ciudades, tuvo en nada a los hombres. – Isaías 33:5-8

La policía puede aplastar la peor violencia. Pero a pesar del momento de calma, queda un vacío que nada lo puede llenar; ¿cómo restaurar la dignidad y el honor? Nuestros mejores diplomáticos tienen sus corazones desgarrados porque siempre queda un vacío. Rey Jesús, Te rogamos que llenes la ciudad con esa misma paz que abunda en los cielos. Que nuestro temor de Dios sea la llave que abre el tesoro de Tu corazón. Haz que las riquezas del cielo sean derramadas sobre nosotros. Llena nuestra mente con conocimiento, nuestro corazón con sabiduría, y nuestro horario con redención. Que fluya Tu paz en esta ciudad como un río de gran caudal.

Jesús vio la ciudad y lloró por ella. Dijo: –¡Cómo quisiera que hoy supieras lo que te puede traer paz! Pero eso ahora está oculto a tus ojos. – Lucas 19:41-42

Lloramos contigo, Señor Jesús, al mirar esta ciudad. Abre nuestros ojos para ver el deseo de Tu corazón de traer paz a lo largo de toda la ciudad. *Oremos:*

- que nuestros corazones lloren –con Cristo– por la devastación de vidas privadas de paz en esta comunidad.
- que Dios nos revele cómo vivir en paz con la familia, los vecinos y colaboradores en el trabajo.

Clama a Dios por... **los Líderes Gubernamentales**

Ora que sean ejemplo de rectitud para nuestra sociedad; que lleguen a conocer y a aplicar la sabiduría de Dios en sus decisiones; que declaren y manejen sus actividades con la verdad. Que no impidan el servicio y adoración de Jesús; que lleguen a conocer, honrar y seguir a Cristo.

Caminatas en oración: Visita una oficina de gobierno local, estatal, o federal, y ora allí. Déjale una breve nota a un funcionario diciéndole que estás orando para que Dios le bendiga.

Por esto exhorto, ante todo, que se hagan súplicas, oraciones, intercesiones y acciones de gracias por todos los hombres; por los reyes y por todos los que están en eminencia.
– 1 Timoteo 2:1-2

...en nombre de **Europa** y **Eurasia**

Albania, Andorra, Armenia, Austria, Azerbaiyán, Bielorrusia, Bélgica, Bosnia-Herzegovina, Bulgaria

DÍA 27

lunes
31 de marzo

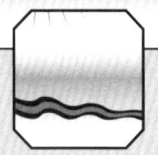

Clama a Dios...
para enseñarle a las naciones Sus caminos de paz

Y vendrán muchos pueblos, y dirán: Venid, y subamos al monte de Jehová… y nos enseñará Sus caminos… y volverán sus espadas en rejas de arado… no alzará espada nación contra nación, ni se adiestrarán más para la guerra. – Isaías 2:3-4

Queremos ver las naciones acudiendo a Ti, "des-aprendiendo" sus caminos belicosos y finalmente viviendo en paz. La guerra constante nos rodea. Mas creemos en Tus promesas. Eres el mismo Dios hoy que serás en el último día. Todavía tenemos tiempo para ser cambiados por Tus enseñanzas. Transfórmanos y entrénanos. Necesitamos más que palabrería y trivialidades; sabemos bien cómo decir las cosas para quedar bien pero lo que realmente necesitamos es entrenamiento en Tus caminos. Muéstranos Tu forma de pensar. Muéstranos cómo cumples Tus propósitos dando y perdonando sin controlar a la gente. Pero más que todo, enséñanos a amar; y por el ejemplo de nuestra ciudad verán las naciones lo que será la paz venidera de Tu reino.

Y enseñaba de día en el templo… Y todo el pueblo venía a Él por la mañana, para oírle en el templo. – Lucas 21:37-38

Señor Jesús, Te pedimos que nos instruyas y nos cambies para seguir Tus caminos. *Oremos:*

- que las enseñanzas de Jesús sean comunicadas de forma creativa para que los que se han acercado por simple curiosidad te empiecen a buscar con vehemencia.
- que gran cantidad de personas de la comunidad se sujeten al poder transformador de las enseñanzas de Jesús.

Tuyos son, oh Jehová, la grandeza, el poder, la gloria… Las riquezas y la honra provienen de Ti… En Tu mano está la facultad de engrandecer y de fortalecer a todos.
—1 Crónicas 29:11-12

Clama a Dios por... la Industria de los Deportes

Ora por aquellos que ocupan puestos principales y de liderazgo, al igual que por aquellos que ocupan puestos secundarios, para que lleguen a conocer a Cristo y realicen el llamado de Dios para sus vidas. Ora porque los atletas sean buenos ejemplos de dedicación, propósito y valor; que vivan en integridad y que cumplan con las responsabilidades de riqueza y fama; que Dios revele Su llamado y propósito a estudiantes y entrenadores de programas de jóvenes y universitarios.

Caminatas en oración: Ora en un local donde se celebrará un evento deportivo.

...en nombre de **Europa** y **Eurasia**

Islas Canarias, Croacia, República Checa, Dinamarca, Estonia, Islas Feroe, Finlandia

Clama a Dios...

para que por el perdón sean sanadas relaciones devastadas

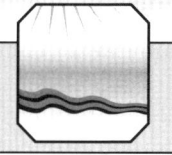

DÍA 28

martes
1 de abril

Te rogamos que perdones la maldad de los siervos del Dios de Tu padre. Y José lloró mientras hablaban. Pero José les respondió: —No temáis, pues ¿acaso estoy yo en lugar de Dios? Vosotros pensasteis mal contra mí, mas Dios lo encaminó a bien.
– Génesis 50:17-20

¿Quiénes somos para tomar Tu lugar como juez? Más bien queremos ser Tu voz impartiendo perdón. Únicamente el perdón puede romper los patrones de venganza. Una maldad da cabida a otra peor. Pleitos menores dan cabida a disputas despiadadas. Pero nosotros confiamos que Tú, Dios de toda bondad, puedes cambiar todo este violento mal y transformarlo en bien. Haz que Tu misericordia llene el corazón de mucha gente para que el perdón empiece a sanar las heridas del pecado. Que el perdón de Dios en unos cuantos traiga gran bondad para muchos.

...Estando las puertas cerradas en el lugar donde los discípulos estaban reunidos por miedo... llegó Jesús y, puesto en medio, les dijo... —¡Paz a vosotros! Como me envió el Padre, así también yo os envío. Y al decir esto, sopló y les dijo: —Recibid el Espíritu Santo. A quienes perdonéis los pecados, les serán perdonados...
– Juan 20:19-23

Señor, las puertas de nuestros corazones están cerradas por miedo a las represalias y la venganza. Rompe este punto muerto de relaciones devastadas. Sopla sobre nosotros y danos la autoridad de perdonar por el poder de Tu Espíritu. *Oremos:*

- que por el poder del Espíritu Santo los cristianos sean los primeros en perdonar.
- que Cristo traiga una ola de perdón en esta ciudad, capaz de penetrar las barricadas del temor, suavizando corazones endurecidos y sanando relaciones.

Clama a Dios por... las Fuerzas Armadas

Ora que el evangelio se difunda mediante los lazos especiales de la vida militar; por valentía y protección contra los peligros de batalla; por la sabiduría y el temor del Señor, ya que a veces los militares son llamados a gobernar y ejecutar la ley; por gracia para los capellanes y otros líderes espirituales; que Dios fortalezca a familias distendidas por numerosas mudanzas y separaciones.

Caminatas en oración:
Ora cerca de una base o establecimiento militar.

> Vino a Él un centurión implorándole... Cuando Jesús oyó esto, se maravilló y dijo... —De cierto os digo que no he hallado tanta fe en ninguno en Israel.
> – Mateo 8:5, 10

...en nombre de **Europa** y **Eurasia**

Francia, Georgia, Alemania, Gibraltar, Grecia, Hungría, Islandia, Irlanda

DÍA 29
miércoles
2 de abril

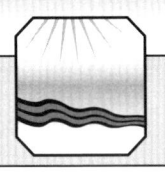

Clama a Dios...
para que los hijos pródigos regresen a casa

Alza Tus ojos alrededor y mira: todos estos se han juntado, vienen hacia Ti. Tus hijos vendrán de lejos y a Tus hijas las traerán en brazos. Entonces lo verás y resplandecerás. Se maravillará y ensanchará Tu corazón... – Isaías 60:4-5

Anticipamos Tu promesa que muchos hijos perdidos serán llamados a regresar a casa. Nos unimos a aquellos que han sido despojados de sus seres queridos. Podemos levantar la mirada con esperanza si Tú animas nuestro corazón a creer que Tu voz los llamará a regresar del exilio. Oramos por una señal temprana de este regreso en nuestros hogares. Llamamos por su nombre a nuestros hijos pródigos, e incluso a esposas y esposos que han desertado. Tráelos a todos a casa. Cárgalos sobre Tus hombros. Tráelos pronto. Une las familias. Une nuestras familias de nuevo. Reconcilia a padres con sus hijos. Sana los matrimonios. Y llena nuestros hogares con Tu paz perdurable.

Entonces se levantó y fue a su padre. Cuando aún estaba lejos, lo vio su padre y fue movido a misericordia, y corrió y se echó sobre su cuello y lo besó. – Lucas 15:20

Señor Jesús, llama a nuestros hijos obstinados a regresar a casa. Dales la enpereza para regresar a Ti y a sus familias. *Oremos:*

- que muchos pródigos empiecen su regreso a Dios.
- que los cristianos demuestren la compasión de Dios a aquellos que han violado la confianza de otros, e impartan gracia y misericordia para darles la bienvenida.

Dejad a los niños venir a Mí, y no les impidáis; porque de los tales es el reino de Dios.
– Marcos 10:14

Clama a Dios por... **los Niños**

Ora que los niños oigan el evangelio y hallen a Cristo a temprana edad; que el corazón paternal de Dios sea revelado con poder sanador a los niños que han sido maltratados o decepcionados por sus padres; por estabilidad familiar duradera; por excelencia en la educación; que cultiven madurez en sus años formativos; por seguridad contra la violencia y perversión; por risa y gozo en sus vidas.

Caminatas en oración: Ora por niños en tu vecindad o en escuelas o parques cercanos. Ora por toda la familia de cada niño que veas.

...en nombre de **Europa** y **Eurasia**

Italia, Kazajstán, Kosovo, Kirguistán, Letonia, Liechtenstein, Lituania, Luxemburgo

Clama a Dios...
que restaure ciudades devastadas

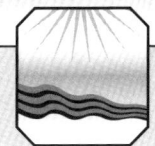

DÍA 30
jueves
3 de abril

Jehová te pastoreará siempre, en las sequías saciará tu alma… Serás como un huerto de riego, como un manantial de aguas, cuyas aguas nunca se agotan. …edificarán las ruinas antiguas; los cimientos de generación y generación levantarás, y serás llamado "reparador de portillos", "restaurador de viviendas en ruinas." – Isaías 60:4-5

Señor, nuestras ciudades están devastadas, chamusqueadas por la maldad incesante. Estamos cansados porque pareciera que nuestras bondades pasan desapercibidas, como si estuviéramos tratando de sembrar jardines en medio del desierto. Ven con nosotros, Creador poderoso. Transmítenos el implacable deseo de Tu corazón. Crea fuentes de agua viva en nuestros corazones que broten con el poder vivificador del Resucitado. Muévenos a anhelar de nuevo una ciudad transformada. Fijamos nuestra oración en la apatía y el antagonismo de relaciones rotas. Trae la tan esperada generación que será honrada como los restauradores. Sana lo devastado. Limpia los escombros. Haz nuevo el fundamento espiritual de la ciudad para que llegue a ser conocida como un lugar donde las familias y las personas florecen, un lugar el cual Dios se deleita en visitar.

En cualquier casa donde entréis, primeramente decid: "Paz sea a esta casa". Si hay allí algún hijo de paz, vuestra paz reposará sobre él; y si no, se volverá a vosotros. – Lucas 10:5-6

Cultiva gente de paz. Permíteles guiar a otros a que aprendan a amar y a madurar en Tu paz. Y úsalos como cimiento para la reconstrucción de la ciudad. *Oremos:*

- que Dios llame a gente de influencia a convertirse en seguidores fieles de Cristo.
- que Dios establezca embajadas de Su reino de paz en cada vecindario de la ciudad.

Clama a Dios por... **los Discapacitados**

Ora que sean rodeados de amigos y parientes cariñosos; que sus almas sean continuamente fortalecidas en Dios; por energía física y sanidad; por provisión financiera para cubrir los gastos de terapia y de tratamientos especiales; para que conozcan y demuestren el amor de Dios.

Caminatas en oración: Ora por la misma senda que pudiera usar una persona discapacitada en tu vecindario, escuela o lugar de trabajo. Ora por alguien conocido con discapacidades físicas.

En toda la angustia de ellos, Él fue angustiado. En Su amor y en Su compasión los redimió. Los alzó y los llevó todos los días de la antigüedad.
– Isaías 63:9

...en nombre de Europa y Eurasia

Macedonia, Malta, Moldavia, Mónaco, Montenegro, Holanda, Noruega, Polonia, Portugal

DÍA 31
viernes 4 de abril

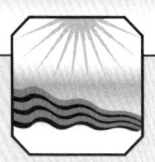

Clama a Dios...
que con Su Espíritu levante defensores de paz

> *El Espíritu del SEÑOR reposará sobre Él: espíritu de sabiduría y de entendimiento, espíritu de consejo y de poder, espíritu de conocimiento y de temor del SEÑOR.*
> – Isaías 11:2

Nuestro mejor esfuerzo de paz es como un castillo de arena ante la marea. Pon Tu Espíritu de poder para hacer la paz sobre Tu pueblo –ese mismo Espíritu que fortalecía la obra de Jesús. Danos el espíritu de sabiduría y el temor del Señor para que muchos lleguen a conocer al Dios viviente y se den cuenta que Dios ya los conoce a ellos. Que se conduzcan en el gozoso asombro del temor reverencial de Dios. Danos también el espíritu de consejo y de poder para que por medio de nuestras palabras muchos reciban sanidad y energía espiritual y perseveren en la esperanza. Danos el espíritu de conocimiento para que muchos entiendan Tus caminos y caminen en Tu luz. Sé generoso con Tu Espíritu. Haznos defensores de cambios. Haznos grandes en mansedumbre para luchar por Tu paz para que nuestra ciudad empiece a saborear Tu reino venidero.

Bienaventurados los pacificadores, porque serán llamados hijos de Dios. – Mateo 5:9

Que Tu pueblo traiga gracia reconciliadora a la familia, al trabajo, a la vecindad. Que puedan infundir esperanza para la restauración de relaciones en medio de conflicto familiar y tensión racial. *Oremos:*

- que matrimonios sean restaurados por el consejo de Tu pueblo.
- que los creyentes laboren solidariamente.

> *Bienaventurados los que guardan el derecho, los que en todo tiempo hacen justicia.*
> – Salmo 106:3

Clama a Dios por... los Jueces y Oficiales de la Ley

Ora por sabiduría imparcial, paciencia basada en principios, y autoridad moderada; por protección física y emocional; por ánimo y bendición para sus familias; que sean agentes de la mano de Dios para resistir la iniquidad y mantener un ambiente donde la justicia del cielo pueda prosperar.

Caminatas en oración: Ora frente a una estación de policía o tribunal. Deja una breve nota personal para jueces o líderes policíacos dejándoles saber que los cristianos oran por ellos hoy.

...en nombre de Europa y Eurasia

Rumania, Rusia, San Marino, Serbia, Eslovaquia, Eslovenia, España, Suecia

Clama a Dios...
que declare paz entre las naciones

DÍA 32

sábado
5 de abril

Mira que Tu rey vendrá a ti, justo y salvador, pero humilde, cabalgando sobre un asno, sobre un pollino hijo de asna. Él destruirá los carros... los arcos de guerra serán quebrados, y proclamará la paz a las naciones. – Zacarías 9:9-10

Ven Mesías poderoso. Un día te abrirás paso en los cielos y todo ojo Te verá. Pero hasta ese día, te rogamos que vengas a nosotros de calladito –humilde, pero no por eso con menos poder. Solamente Tú puedes abrir la boca y dar la orden de "Paz". Al igual que emitiste esa palabra a la tormenta y hubo calma, habla con Tu autoridad real a la gente tempestuosa de nuestra ciudad. Arresta la tormenta de hostilidades trayendo a la gente bajo Tu señorío. ¡Ven Rey Jesús! Visítanos. Proclama Tu paz a las naciones. Sólo Tú puedes deponer las armas de nuestro aterrorizado corazón y desmilitarizar nuestras vidas. Te invitamos a que seas nuestro Rey Salvador.

La paz os dejo, Mi paz os doy; Yo no os la doy como el mundo la da. No se turbe vuestro corazón ni tenga miedo. – Juan 14:27

Existen muchas formas de crear tranquilidad temporal. Pero Tu paz es diferente. Danos paz con poder para sanar corazones y relaciones abatidas y prohíbenos temer. *Oremos:*

- que Jesús pronuncie Su paz sobre los corazones y hogares en conflicto.
- que Jesús le dé Su paz aun a aquellos que todavía no le conocen personalmente, desvaneciendo los temores e impartiendo esperanza.

Clama a Dios por... **los Hombres**

Que los hombres busquen a Dios y le honren con la integridad que unifica su vida en fidelidad, sabiduría y verdad; que sus identidades estén centradas en el liderazgo que refleja el ejemplo de Cristo; que el enfoque de sus vidas sea dedicado a servir a Dios y avanzar sus propósitos.

Caminatas en oración: Verás a muchos hombres hoy. Pídele a Dios que te ayude a dirigir tus oraciones por uno o dos de ellos.

No se alabe el sabio en su sabiduría, ni se alabe el valiente en su valentía, ni se alabe el rico en sus riquezas. Más bien, alábese en esto el que se alabe: en entenderme y conocerme...
– Jeremías 9:23-24

...en nombre de **Europa** y **Eurasia**

Suiza, Tayikistán, Turkmenistán, Ucrania, Reino Unido, Uzbekistán, Ciudad del Vaticano

Buscando el reino de Dios

Buscando el GOZO del REINO

6 al 12 de abril SEMANA 5

¿Podemos orar por gozo en medio de los estragos de la guerra, injusticia y epidemias aterradoras? ¡Sí! Donde Cristo es Rey, existe el gozo en los que viven bajo Su señorío. El gozo no se puede medir, pero es una característica distintiva del señorío de Cristo. Cuando la gente empieza a conocer el reino venidero de Cristo, el gozo aumenta y el Espíritu Santo revela la hermosura de lo que ha de venir. Este gozo es una pequeña muestra en la tierra de cómo será el cielo.

Vendrán con gritos de gozo...y su vida será como un huerto de riego.
– Jeremías 31:12

El gozo es diferente de la felicidad. La felicidad generalmente no es más que un sentimiento dependiente de circunstancias favorables. Por el contrario, el gozo es una realidad perdurable dentro de nosotros, formada y revelada por el Espíritu Santo. Puesto que el reino de gozo de Cristo viene, es hora de celebrar; y sabemos que una pequeña llama puede encender una comunidad entera.

Durante esta quinta semana nuestras oraciones se centran en la gente, iglesias y países del Medio Oriente.

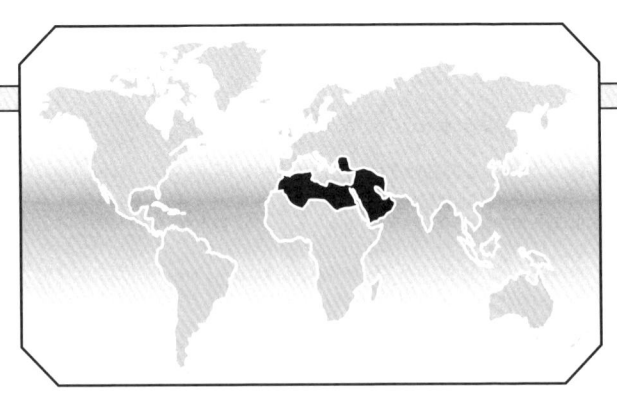

EL MEDIO ORIENTE

Clama a Dios...

por el gozo de la esperanza en medio de la tribulación

DÍA 33

domingo
6 de abril

Dios es nuestro amparo y nuestra fortaleza, nuestra ayuda segura en momentos de angustia. Por eso, no temeremos aunque se desmorone la tierra y las montañas se hundan en el fondo del mar... Hay un río cuyas corrientes alegran la ciudad de Dios, la santa habitación del Altísimo. Dios está en ella, la ciudad no caerá; al rayar el alba Dios le brindará Su ayuda.
— Salmo 46:1-2, 4-5

Nuestro mundo se estremece por terremotos de terror impredecible. Olas gigantes de temor inundan nuestros corazones. Estructuras de gobierno y comercio, normas de bondad y virtud, casi todo lo que parecía ser estable se está derrumbando. Envíanos un rayo de vida desde Tu trono y danos a probar del gozo de conocer a Aquel que es constante, inmovible y supremo en medio del caos. Permite a nuestro pueblo en la comunidad captar un vistazo del alba que se acerca y se deleite en la certeza de Tu ayuda.

...Y hablo esto en el mundo para que tengan Mi gozo completo en sí mismos.
— Juan 17:13

A pesar de que estás con el Padre, podemos escuchar Tu voz en la tierra, y todos los que Te oímos y Te conocemos nos regocijamos. Deja oír Tu voz, y junto con ella Tu gozo, a los que se encuentra lejos de Ti. *Oremos:*

- que surja gozo en los que están doblegados por el temor y la incertidumbre.
- que los que únicamente conocen la felicidad recibida de los placeres baratos del mundo escuchen la voz de Dios y conozcan lo que en realidad es el gozo.

Clama a Dios por... **las Familias Deshechas**

Jehová...sostiene al huérfano y a la viuda.
— Salmo 146:9

Ora por la recuperación de relaciones deshechas o amargadas; por consolación cuando un miembro de la familia ha fallecido. Ora especialmente por los niños; que el corazón paternal de Dios sobrelleve a cada uno de ellos a vivir en integridad; para que conozcan el gozo de ser parte de la familia de Dios; que Dios provea todas sus necesidades financieras, que les traiga amigos que los apoyen, y conceda esperanza a todos los que siguen a Cristo.

Caminatas en oración: Familias fragmentadas frecuentemente viven en edificios de apartamentos. Ora alrededor de un edificio de apartamentos, concentrando tus oraciones por aquellos que están divorciados o que están de luto.

...en nombre del **Medio Oriente**

Argelia, Bahrein, Chipre

DÍA 34

lunes
7 de abril

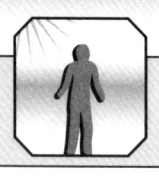

Clama a Dios...

por el gozo de la liberted

> Cuando Jehová hizo volver de la cautividad a Sión, fuimos como los que sueñan. Entonces nuestra boca se llenó de risa y nuestra lengua de alabanza. Entonces decían entre las naciones: "¡Grandes cosas ha hecho Jehová con éstos!" ¡Grandes cosas ha hecho Jehová con nosotros! ¡Estamos alegres!
> – Salmo 126:1-3

Nos regocijamos al ver cómo liberas a nuestros amigos y familias de la cautividad espiritual. Cuando hablan del cambio que has traído a sus vidas hablan de sentirse libres. Pareciera demasiado bueno; como un sueño. Osadamente oramos por miles de otros cautivos para que sean liberados de la oscuridad; sí, muchos y todos a la vez. Tal movimiento sería tan real que los noticieros de tierras lejanas tendrían que pregonar este arrepentimiento en masa. Serías honrado. Habría gozo en las calles en agradecimiento por lo que has hecho. Y como lo prometiste, estaremos alegres; llorando de alegría; alegres de corazón.

> Pero era necesario hacer fiesta y regocijarnos, porque este tu hermano estaba muerto y ha revivido; se había perdido y ha sido hallado.
> – Lucas 15:32

No es poca cosa que una persona se arrepienta. Y si miles se arrepienten a la vez el gozo es aún mayor. ¡Qué comience la celebración! Atrae a muchos de regreso a Dios y que la ciudad se regocije. *Oremos:*

- que los muertos espirituales sean resucitados a la vida en Dios.
- que los creyentes conozcan el gozo irresistible del Padre al recuperar a sus hijos perdidos.
- que celebremos en grande el regreso de los de Su familia.

¡Bienaventurado el que se preocupa del pobre! En el día malo lo librará Jehová. Jehová lo guardará y le dará vida, para que sea feliz en la tierra.
– Salmo 41:1-2

Clama a Dios por... los que Laboran en los Servicios Médicos

Que Dios prepare a los que laboran en los servicios médicos con un corazón amable para servir a otros; que Dios los bendiga con perseverancia y gozo; que las presiones de su oficio no destruyan sus familias y amistades; que muchos de ellos sigan a Cristo.

Caminatas en oración:
Ora en o cerca de un hospital o clínica.

...en nombre del **Medio Oriente**

Egipto, Irán, Irak

Clama a Dios...

por gozo y asombro cuando Dios contesta la oración

DÍA 35

martes
8 de abril

Con tremendas cosas nos responderás Tú en justicia, Dios de nuestra salvación, esperanza de todos los términos de la tierra… el que sosiega el estruendo de los mares… el alboroto de las naciones. Por tanto, los habitantes de los confines de la tierra temen ante Tus maravillas. Tú haces alegrar las salidas de la mañana y de la tarde.
– Salmo 65:5-8

Te damos las gracias por escuchar oraciones de toda la tierra. Llegará el día en que harás mucho más de lo que te pedimos. Contestarás aun nuestras oraciones más pequeñas de forma espectacular. Ensancha nuestras oraciones para que estén a la altura de tus propósitos. Trae cambios masivos y repentinos a nuestra familia y ciudad, más grandes de lo que podemos pedir para que nos asombremos con tu gracia extraordinaria. Haz de tu poder, tierno y digno de un rey, un santo espectáculo al contestar nuestras oraciones. Que aún los más duros de corazón se sorprendan de cómo contestas las oraciones. Y que los que han estado esperando pacientemente tu bondad se llenen de gozo.

—¿Qué quieres que te haga? Y él dijo: —Señor, que reciba la vista. Jesús le dijo: —Recíbela, tu fe te ha salvado. Al instante recobró la vista, y Lo seguía glorificando a Dios; y todo el pueblo, cuando vio aquello, dio alabanza a Dios.   – Lucas 18:41-43

Enséñanos a orar con fe fuerte por lo que realmente deseamos. Que nuestras oraciones te traigan gloria en abundancia. Haz cosas grandes que muevan a las masas a alabarte. *Oremos:*

- por brotes de alabanza a Dios por parte de la gente que ve en la ciudad nuevas muestras del poder de Cristo.
- que Cristo se haga presente ante aquellos que claman a Dios por Su ayuda.

Clama a Dios por... **las Madres**

Que Dios refresque poderosamente a las madres en el honor y gloria de la maternidad; que sean fortalecidas con gracia, sabiduría y amor al servir a sus hijos; que sean apreciadas, protegidas y servidas por esposos dedicados a su bienestar; que las madres modelen y expresen el amor edificante de Dios.

Caminatas en oración:
Camina por tu vecindad orando por madres y abuelas.

Fuerza y honor son su vestidura, y se ríe de lo porvenir. Su boca abre con sabiduría… Se levantan sus hijos y le llaman: "Bienaventurada." Y su marido también la alaba.
—Proverbios 31:25-26, 28

...en nombre del **Medio Oriente**

Israel, Jordania, Kuwait

DÍA 36
**miércoles
9 de abril**

Clama a Dios...
para que restaure comunidades desoladas

> En este lugar, del cual decís que está desierto... en las calles de Jerusalén, que están asoladas, sin nadie que habite allí, ni hombre ni animal, ha de oírse aún voz de gozo y de alegría; voz de novio y voz de novia; voz de los que digan: "¡Alabad a Jehová de los ejércitos, porque Jehová es bueno, porque para siempre es Su misericordia! ...para que sea como al principio.
> – Jeremías 33:10-11

Siempre has sido bueno y Tu amor nunca nos ha defraudado. Entonces, ¿cómo es que podemos pensar que has olvidado algún vecindario? Ven a las vecindades que consideramos indeseables. Restaura a las personas que allí viven y ellos renovarán la ciudad con Tu poder. Cambia a los jóvenes. Renueva a los hombres. Redime a las mujeres. Transforma nuestra comunidad de tal manera que el gozo se desborde por nuestras ventanas y puertas. Que el cántico del cielo resuene en los renovados por Tu Espíritu. E incluso si sólo unos cuantos cambian, su risa será contagiosa y otros se unirán a la celebración espontánea de Tu bondad.

> Cuando el Señor la vio, se compadeció de ella y le dijo: –No llores. Acercándose, tocó el féretro... Y dijo: –Joven, a ti te digo, levántate... Y lo dio a su madre... glorificaban a Dios diciendo..."Dios ha visitado a Su pueblo."
> – Lucas 7:13-16

Muchos caminamos a diario con tal tristeza como si la vida fuera un funeral. Casi hemos perdido totalmente la esperanza de que nuestros seres amados serán rescatados. Pon en acción Tu compasión. Levántalos con Tu poder y trae nada menos que una visitación de Dios. Oremos:

- que Cristo le diga "no llores" con poder y gran compasión a los que están consumidos por la pena.
- que Cristo restaure la vida espiritual a los perdidos.

> ...es un don de Dios que todo hombre coma y beba y goce del fruto de todo su duro trabajo.
> –Eclesiastés 3:13

Clama a Dios por... **los Desempleados**

Ora que Dios provea todas las necesidades de aquellos que están desempleados, de tal manera que claramente den gracias a Dios por su provisión; que pronto encuentren empleo apropiado y le den gloria a Dios por proveerlo; que Dios abra paso al comercio justo para que toda la ciudad prospere en la provisión de Dios.

Caminatas en oración:
Ora por aquellos en tu vecindad que hayan perdido el empleo recientemente o que estén luchando por conseguir empleo.

...en nombre del **Medio Oriente**
Líbano, Libia, Marruecos

Clama a Dios...

por abundancia con contentamiento

DÍA 37

jueves
10 de abril

Vendrán con gritos de gozo a lo alto de Sión y correrán a los bienes de Jehová: al pan, al vino, al aceite... Su vida será como un huerto de riego... cambiaré su llanto en gozo, los consolaré y los alegraré de su dolor... y Mi pueblo será saciado de Mis bienes, dice Jehová.
– Jeremías 31:12-14

Has prometido mucho más que simplemente satisfacer las necesidades de Tu pueblo; has prometido cambiar sus corazones de manera que a la vez que reciben Tu provisión también reconocen que esta abundancia de bendición es evidencia de Tu amor. Rebosarán de gratitud. Buscamos esta clase de contentamiento. Cambia no sólo nuestras circunstancias; cámbianos de adentro hacia afuera. Toca la tristeza de nuestra alma. Sana nuestra condición adversa. Hecha fuera nuestros celos y deseos locos. Haz que la economía florezca y nuestros corazones prosperen con generosidad para que abunden Tus bendiciones.

―――――――――――――

No temáis, manada pequeña, porque a vuestro Padre le ha placido daros el Reino.
– Lucas 12:32

Jesús, sabes que somos como ovejas que nos asustamos fácilmente y no somos capaces de sobrevivir por nosotros mismos. Revela la satisfacción del Padre de darnos todo lo que necesitamos y más aún. *Oremos:*

- que el pueblo de Cristo se sienta satisfecho con la bondad del Padre.
- que los seguidores de Cristo vivan libres del temor de la pobreza y puedan disfrutar de la seguridad del cuidado del Padre.

Clama a Dios por... **los Deprimidos**

Ora que la presencia sanadora de Dios les alcance; que la luz de la verdad disperse las mentiras y el poder agobiante de Satanás; por consejo útil; por sanidad de las antiguas heridas de mente y alma; que lleguen a conocer el consuelo y el gozo del Espíritu Santo; por la renovación de sus mentes en Cristo.

Caminatas en oración: Ora hoy por personas desalentadas aunque aparenten estar alegres y llenas de vigor.

Pero Dios, que consuela a los humildes, nos consoló...
– 2 Corintios 7:6

...en nombre del **Medio Oriente**

Omán, Qatar, Arabia Saudita

DÍA 38

**viernes
11 de abril**

Clama a Dios...

por gozo en la alabanza ferviente

Aquel día se ofrecieron numerosos sacrificios, y se regocijaron, porque Dios los había recreado con grande contentamiento; también se alegraron las mujeres y los niños. Y el alborozo de Jerusalén se oía desde lejos. – Nehemías 12:43

En tiempos pasados le has dado a Tu pueblo gozo en abundancia y ellos respondieron ofreciéndote alabanza en abundancia. ¡Que se repita este ciclo! Buscamos de Ti este tipo de gozo y te ofrecemos a cambio grandes celebraciones de alabanza en Tu Espíritu y en Tu palabra verdadera. Este gozo bien está fundamentado en todas Tus obras. Fija nuestra atención en Tu Hijo y Sus obras para que esta excepcional alabanza esté demarcada en dignidad. Danos días de alabanza para que el mundo te conozca como el Dios de gozo.

Cuando ya se acercaba a la bajada del Monte de los Olivos, toda la multitud de los discípulos, gozándose, comenzó a alabar a Dios a grandes voces por todas las maravillas que habían visto. – Lucas 19:37

Enciende cual fuego la alabanza pública por todas Tus obras maravillosas. Que nuestros corazones ardan con gozo por las obras mayores que harás. Oremos:

- que la alabanza ferviente sea expresada por corazones satisfechos con gran gozo.
- que las obras milagrosas de Cristo sean recordadas y celebradas.
- que Dios sea alabado en público.

Abraham era ya anciano y muy avanzado en años, y Jehová había bendecido a Abraham en todo.
– Génesis 24:1

Clama a Dios por... **Personas de la Tercera Edad**

Ora que el poder y la paz de Dios se derramen sobre toda persona de edad avanzada. Ora que sean honrados y que sean bien atendidos; que se desvanezca la soledad mediante amistades duraderas y lazos familiares; que las enfermedades sean sanadas; que puedan vivir hasta ver la respuesta a sus oraciones; que sus años finales sean relevantes, reflejando la gloria de Dios.

Caminatas en oración: Ora por la persona más anciana de tu vecindario, o en una comunidad de pensionados, o por un centro de asilo para ancianos.

...en nombre del Medio Oriente
Siria, Túnez, Turquía

Clama a Dios...

para que haga Su morada en medio de Su pueblo

DÍA 39
sábado
12 de abril

Canta y alégrate, hija de Sión, porque yo vengo a habitar en medio de ti, ha dicho Jehová. Muchas naciones se unirán a Jehová en aquel día, y Me serán por pueblo, y habitaré en medio de ti. — Zacarías 2:10-11

Esta es Tu promesa: el día que las naciones se vuelvan a Ti, Tú te volverás a ellas y revelarás Tu presencia a través de una relación esplendorosa. ¡Ven, Señor de toda la tierra! Tu promesa se está cumpliendo aun antes de lo esperado. Ya vemos pueblos enteros volverse a Ti. Gente que se ha resistido a Tu llamado durante siglos ahora te buscan. Otros por primera vez escuchan Tu voz. ¡Que escuchen Tu llamado! Y cuando se acerquen, rodéalos con Tu mano poderosa y únelos a aquellos que ya han accedido al llamado de Jesús, el Resucitado. Haz que ardan nuestros corazones con la esperanza de Tu regreso. Y sea nuestro cántico de bienvenida estrepitoso y el gozo de nuestro amor sea grande. Aun así, ven, Señor Jesús.

Mientras aún hablaban de estas cosas, Jesús se puso en medio de ellos. — Lucas 24:36

Los reportajes de Tu presencia transformadora son electrizantes. Al igual que cuando entraste en aquel cuarto donde estaban Tus discípulos, te pedimos que te manifiestes a todos los que te aman. Queremos que nuestra comunidad sea transformada por Tu presencia. *Oremos:*

- que Cristo manifieste Su presencia a los que le aman.
- que Cristo sea bienvenido por los que aún lo siguen.

Clama a Dios por... **los Refugiados**

Ora por inmigración legal y libre de riesgos; para que mejoren las condiciones en otros países para que las familias separadas sean reunidas; por cristianos dispuestos a abrirles sus casas y sus corazones; para que el evangelio les sea presentado claramente; por aquellos que desean volver a su patria, que reciban asilo y repatriación; para que Dios les dé la manera de establecer nuevos hogares a aquellos que lo desean.

Caminatas en oración: Eleva oraciones de bienvenida, protección y bendición por refugiados e inmigrantes en tu comunidad.

Él hace justicia al huérfano y a la viuda, y también ama al extranjero y le da pan y vestido. Por tanto, amaréis al extranjero, porque extranjeros fuisteis vosotros en la tierra de Egipto.
— Deuteronomio 10:18-19

...en nombre del **Medio Oriente**

Emiratos Árabes Unidos, Yemen

Buscando Su VISITACIÓ
Recibiendo a CRISTO
nuestro RE

> *Y la gente ... aclamaba, diciendo: "¡Hosana! ... ¡Bendito el que viene en el nombre del Señor!" ... Toda la ciudad se agitó, diciendo: "¿Quién es este?"*
>
> – Mateo 21:9-10

El acontecimiento que comúnmente llamamos Domingo de Ramos nos pinta un retrato profético del despertar espiritual que Cristo desea traer a las ciudades. Jesús inició esta entrada triunfal y rehusó acallarla. Él estaba llevando a cabo el cumplimiento de profecías antiguas, sí; pero eso no era todo. Jesús estaba a la vez profetizando cómo sería reconocido en medio de la hostilidad cuando regrese al final de los tiempos. Él será seguido por gentes de todos los pueblos; será bienvenido por gentes de todo lugar. El Domingo de Ramos nos presenta la visión del despertar espiritual global por el cual oramos.

Preparando el camino con oración

Jesús preparó el camino para el Domingo de Ramos al enviar a Sus seguidores a orar en muchas ciudades adonde Él había de ir (Lucas 10:1-2). Las oraciones de éstos eran hechas en público y a la vez, contestadas en público. Dios estaba siendo honrado y Jesús se estaba dando a conocer hasta en lugares que todavía no había visitado. Grande fue la expectación de lo que Dios iba a hacer.

La oración contestada se convierte en alabanza

Cuando Jesús resucitó a Lázaro se dio una explosión de alabanza (Juan 12:18). Cuando Dios contestó la oración de Jesús de levantar a Lázaro de forma tan dramática (Juan 11:41-43) incitó a todos Sus seguidores a comentar sobre todo lo que habían visto a Jesús hacer en la vida de vecinos y amigos. Lucas dice que la multitud alababa a Dios por todas las maravillas que habían visto (Lucas 19:37). Alabanza fue el resultado lógico de presenciar las oraciones siendo contestadas.

DOMINGO DE RAMOS
La esperanza de la visitación de Cristo

Un movimiento duradero
Miles de personas venían al templo con Jesús todas las mañanas, esperando escuchar lo que iba a decir (Lucas 21:38). El grupo numeroso de creyentes del Domingo de Ramos no se debe confundir con el grupo mucho más pequeño que tan sólo días después clamaba por la ejecución de Jesús. Este segundo grupo fue instigado por los enemigos de Cristo, los cuales prendieron a Jesús de noche "porque temían al pueblo" –el pueblo: aquellos que lo habían recibido y alabado a diario con devoción creciente (Lucas 22:2, Marcos 14:1-2).

Un retrato profético
A veces ignoramos la importancia del Domingo de Ramos pensando que fue un movimiento político que fracasó. Pero no fue así para Jesús. Él lo planeó y dejó que la algarabía permaneciera. Dijo a los Fariseos que las piedras clamarían si la gente callaba (Lucas 19:40). La intensidad aumentaba y la multitud crecía a tal punto que "toda la ciudad se agitó diciendo ¿quién es este?" (Mateo 21:10). Los que no habían visto a Jesús anteriormente querían saber más. Si el propósito de Jesús con este acontecimiento era mostrarnos cómo Dios quiere hacerse presente en nuestras comunidades, entonces debemos continuar orando por una recepción gloriosa a Su visita a través de ciudades enteras.

La esperanza de la visitación: Es más importante Su regreso que nuestro avivamiento
Alabado u odiado, igual entonces a como es hoy y será en el futuro. Y este es el enfoque principal de ciudades enteras cuando hay avivamiento espiritual. Nuestras oraciones dan la bienvenida a Jesús resucitado para que sea reconocido y recibido por comunidades enteras. Donde ha habido avivamiento hemos presenciado en parte el cumplimiento de la promesa del Domingo de Ramos. Ahora más que nunca es hora de invitar a Cristo el Señor a que derrame Su presencia de vida sobre nuestras ciudades.

Desde el punto de vista de Dios, es más importante darle la bienvenida a Jesús cuando regrese que tratar de lograr nuestro avivamiento. Dondequiera que se ha dado un avivamiento hemos presenciado en parte el cumplimiento de la promesa del Domingo de Ramos.

Buscando la VISITACIÓN de CRISTO el REY

Jesús fue rechazado por algunos el Domingo de Ramos, hecho que le causó llanto, pero aun así, fue recibido por muchos.

Día tras día, la gente se aglomeraba a Él y a Su enseñanza, celebrando la gloria del reino venidero. El Domingo de Ramos nos presenta de la forma más clara un ejemplo de lo que sucede en una comunidad cuando Jesús se presenta con poder. Hoy celebramos la esperanza de la gran visitación que Dios quiere manifestar por toda la tierra antes de la segunda venida de Cristo.

Oremos por un derramamiento grande desde el cielo, lo que traerá una cosecha grande para Cristo.

Bendito el que viene en nombre del Señor.
– Salmo 118:26

De Jehová es la tierra y su plenitud,
el mundo y los que en él habitan,
¡Alzad, puertas, vuestras cabezas!
¡Alzaos vosotras, puertas eternas,
y entrará el Rey de gloria!
¿Quién es este Rey de gloria?
¡Jehová el fuerte y valiente,
Jehová el poderoso en batalla!
¡Alzad, puertas, vuestras cabezas!
¡Alzaos vosotras, puertas eternas,
y entrará el Rey de gloria!
¿Quién es este Rey de gloria?
¡Es Jehová de los ejércitos!
¡Él es el Rey de gloria!   – Salmo 24:1, 7-10

Clama a Dios...
para que venga con bendición guiándonos a vivir justamente

DÍA 40
Domingo de Ramos
13 de abril

¿Quién es este Rey de gloria? ¡Es Jehová de los ejércitos! ¡Él es el Rey de gloria!
– Salmo 24:10

Te rogamos que visites a Tu pueblo de forma que hagas temblar las naciones y todos pongan sus ojos en Ti. Ven y llena el mundo con Tu gloria. Nuestra ciudad ya está preparada en oración para darte la bienvenida. Ven a nuestra ciudad y haz manifiesta Tu presencia. Tal vez nuestros ojos físicos no te vean, pero sentiremos Tu presencia. Revela la majestuosidad de Tu sabiduría y que la gente sienta el amor tan grande que nos gobierna. Demuestra también Tu gran ira contra el pecado. Revela Tu pasión implacable por Tu amado.

Los que nunca te han conocido sentirán Tu presencia y se preguntarán "¿Quién es éste?" Nosotros sí sabemos Quién eres. Te hemos buscado de noche. Al igual que Jacob hemos luchado para alcanzar Tu promesa. Hemos buscado Tu rostro. Sí, nosotros sí Te reconoceremos y clamaremos a los cuatro vientos "¡Eres el Señor de gloria!" Aun así, ¡ven Señor Jesús!

Y la gente clamaba: "¡Hosana al Hijo de David! ¡Bendito el que viene en el nombre del Señor! ¡Hosana en las alturas!" Cuando entró Él en Jerusalén, toda la ciudad se agitó, diciendo: --¿Quién es éste? – Mateo 21:9-10

Cuando vengas a nuestra ciudad, revélate de tal forma que muchos se llenen de asombro al darse cuenta Quién eres. Oremos:

• que Cristo cautive a los que hasta ahora lo han ignorado o rechazado.

• que los creyentes se llenen de un amor apasionado por Cristo.

Clama a Dios por... la Generación Futura

Ora que los niños y jóvenes de hoy crezcan a ser seguidores apasionados de Cristo; que logren la evangelización del mundo; que derroten la maldad y adelanten la bendición que Dios prometió a todas las naciones; que le entreguen a Cristo la más completa adoración que jamás se ha visto en la historia.

Caminatas en oración: Camina por tu ciudad pensando conscientemente en las personas que vivirán y trabajarán en ella en los años venideros. Ora por la generación que vivirá en tu ciudad cuando Cristo regrese.

> *¡Cuántas veces quise juntar a tus hijos, así como la gallina junta sus pollitos debajo de sus alas, y no quisiste! ... desde ahora no me veréis más hasta que digáis: ¡Bendito el que viene en el nombre del Señor!"*
> – Mateo 23:37, 39

...en nombre de Jerusalén
Ora que la paz y gloria de Dios esté sobre Jerusalén.

Con Dios en MISIÓN de ORACIÓN

Más que de un culto de oración: con Dios en misión de oración.

Dios nos está llamando a Su lado a una "misión de oración". No hay nada malo con un buen culto de oración. Pero Dios nos llama a orar más allá de los límites de nuestras casas y nuestras vidas, y a orar hasta penetrar las vidas de las personas en que Él está haciendo Su obra redentora. Nos llama a unirnos a Él en lo que podríamos denominar una "misión de oración". Al continuar en esta misión de oración con Dios, ya no verás la oración como una fórmula para añadir Sus bendiciones a tu propia vida y tus asuntos. Más bien verás la oración como la invitación de Dios a hacer junto a Él Su obra.

A medida que clamamos, Cristo salva.

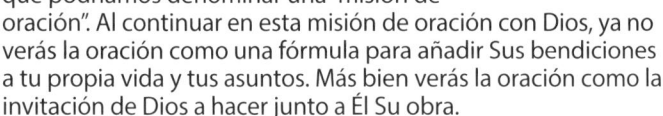

Cristo dijo que Su misión era "buscar y salvar lo que se había perdido". Y Su misión no ha cambiado. Él te llama a continuar esa misión a Su lado. Para ponerlo de una forma sencilla: a medida que clamamos en oración, Cristo salva con el poder del evangelio. Una manera en que participamos con Él en la salvación es a través de animar y nutrir la vida espiritual de otros.

Más allá de las necesidades obvias: Ora para formar parte de la historia de cada persona.

Estamos acostumbrados a formular nuestras oraciones de acuerdo a las necesidades obvias, o bien, las peticiones. Mas a veces las peticiones de oración nos fallan en que no nos muestran en su totalidad la obra de Dios en la vida de cada persona. No todos sabemos lo que realmente necesitamos. Según aprendes a orar las Escrituras, te centrarás cada vez más en lo que Dios ha estado haciendo y está por hacer en la vida de otros. Mientras las personas tengan aliento para respirar hay esperanza. Estarás orando como parte de la narrativa de Dios para cada vida.

Orando rumbo a algo trascendente

A medida que clamamos, encontraremos la manera en que Dios quiere que Le sirvamos.

La oración intencional por los vecinos te pondrá a buscar, junto con Cristo, a personas que viven alejadas o distanciadas de Dios. Jesús los ha llamado "perdidos" en lo que a Dios se refiere. A medida que tú vas en seguimiento de las mejores intenciones de Dios para éstas personas con tus oraciones, tú "los buscarás" junto con Dios, aun si no tienen conciencia inmediata que alguien está orando por ellos. Dios a menudo provee oportunidades prácticas para que les sirvas con actos simples de bondad a esas mismas personas por quienes has estado orando.

Demostremos **el amor de Dios y** *comuniquemos* **la verdad de Dios.**

Orar por otros te ayudará a mantenerte alerta a las formas en que podrías demostrar el amor de Dios de manera práctica y tangible. Como has estado orando con el mismo corazón de Dios, no te sorprendas cuando se te ocurran ideas para trasmitir creativamente el amor de Dios. Surgirán oportunidades tan perfectas para compartir el amor de Dios, que no será difícil darse cuenta y creer que estás colaborando con Dios. La oración persistente conduce a formas creativas de demostrar afecto, el cual abre puertas para compartir el amor de Dios.

PERSONAS por las cuales estoy orando:
Concéntrate en algunos cuantos.
Busca, a través de la oración, los propósitos de Dios para sus vidas.

Concentra tus oraciones por personas
específicas durante los cuarenta días y aun después.

1. Pídele al Espíritu Santo que te indique los nombres de personas cerca tuyo pero lejos de Cristo. Escribe sus nombres aquí.

2. Usa las ideas y las verdades de las Escrituras diarias para orar en forma creativa por estas personas.

3. Observa cómo Dios abre la puertas para que les demuestres el amor de Dios y compartir el evangelio con ellas.

_____

_____

_____

La *Oración* tiene como resultado el *Afecto*, que abre caminos para *Compartir*

La *Oración* por otros, persistente y llena de vida, nos lleva a oportunidades para demostrar *Afecto*, desplegando el amor de Dios, que a su vez abre caminos para *Compartir* el evangelio, declarando el amor de Dios.

The "Ways to Pray" series
Find your own words to pray God's promises. Use any of the "Ways to Pray" series to have scripture at your fingertips with street-tested prayers to keep you going. See page 64 to order, or visit **waymakers.org**.

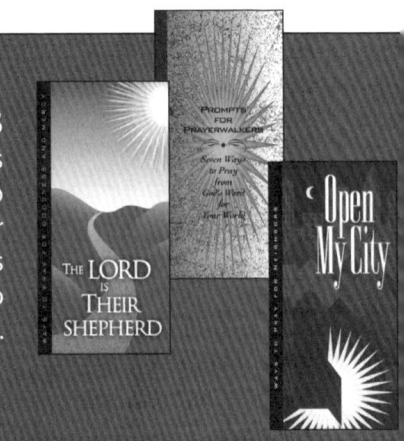

LUGARES que estoy caminando en oración:
Ora más cerca y con mayor claridad.

Orando en el sitio específico donde vives, trabajas o te diviertes.

A veces el acercarte a un lugar te ayuda a orar con mayor claridad. El salir a caminar por tu comunidad te puede servir para darte cuenta de retos y necesidades que antes pasaban desapercibidos. El orar exactamente en el sitio donde esperas que Dios conteste tus oraciones te ayudará a visualizar el cumplimiento de las promesas de Dios, fomentando tu fe, animando tu esperanza, y aumentando tu amor.

Cada uno de los cuarenta días incluye una idea práctica para una caminata en oración. Trata de salir en caminata de oración por lo menos tres veces y anota al pie los lugares que visitaste.

Cerca de mi casa : _____

Cerca de mi trabajo : _____

Un lugar que frecuento poco : _____

Materiales para continuar orando

Al final de los cuarenta días, continúa las caminatas en oración. Hay recursos disponibles de WayMakers que te ayudarán a aprender formas prácticas de cubrir toda tu comunidad con tus oraciones. Estos materiales únicamente están disponibles en inglés.

Prayerwalking:
Praying On-Site with Insight
By Steve Hawthorne and Graham Kendrick

Practical wisdom and solid biblical vision for on-site prayer. A great tool for groups to read and put into practice together.

PRAYERCONNECT

Connecting to the heart of Christ through prayer

A new bimonthly magazine designed to:

Equip prayer leaders and pastors
with tools to disciple their congregations.

Connect intercessors
with the growing worldwide prayer movement.

Mobilize believers to pray God's purposes
for their church, city and the nations.

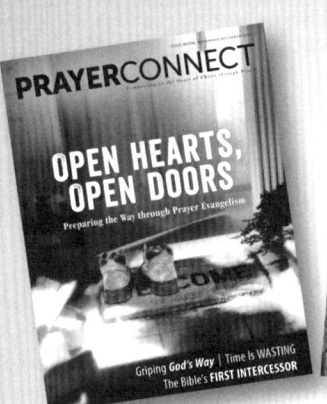

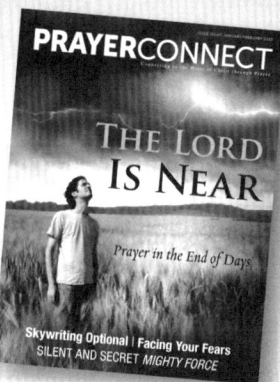

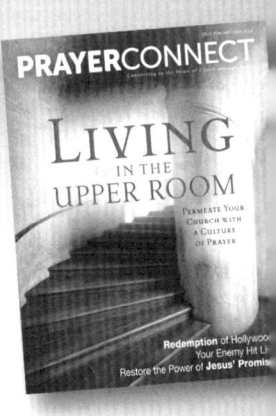

Each issue of **PRAYER**CONNECT includes 48 pages of:

- Practical articles to equip and inspire your prayer life.
- Helpful prayer tips and proven ideas.
- News of prayer movements around the world.
- Theme articles exploring important prayer topics.
- Connections to prayer resources available online.

Three different ways to subscribe *(six issues a year)*:

$24.99 - **Print** *(includes digital version)*
$19.99 - **Digital**
$30.00 - **Membership** in Church Prayer Leaders Network
(includes print, digital and CPLN benefits)

Subscribe now.
Order at www.prayerconnect.net or call 800-217-5200.

PRAYERCONNECT *is sponsored by:* America's National Prayer Committee, Denominational Prayer Leaders Network and The International Prayer Council.

FreshPrayer

Pray from ancient truths for urgent needs

FreshPrayer is a free, single-page prayer guide, available on the WayMakers website (**waymakers.org**). Each issue is designed to help you find clear, relevant ways to pray from specific scriptures for particular needs and concerns of people who are far from Christ.

Each issue contains a leader's guide and a participant's guide. Download FreshPrayer at no cost at **waymakers.org**.

Scripture-rich authority. Life-giving clarity. Everyday simplicity. It's perfect for small groups looking for innovative ways to pray together for people who don't yet know Christ.

Ideas for those who facilitate gatherings. Every issue consists of two items: a single-page participant's guide to be copied for everyone in your group; and a single-page leader's guide that provides ideas to guide lively prayer sessions. The "pdf" files can be downloaded from the WayMakers website. Nine issues are currently available. A new issue will be released every two months (sometimes more often). It's an ideal way to continue to pray beyond *Seek God for the City*.

Guided, grounded and focused. The most engaging prayer gatherings are usually *guided* by a facilitator who invites participants to form simple and sincere requests that are *grounded* in the truths of the Bible and *focused* on specific issues in the lives of others.

Disponibles únicamente en inglés.

Put a copy in the hands of everyone who gathers to pray. Selected verses are laid out alongside creative ideas that help people unite and focus intercessory prayer for those without Christ.

30 días de oración por el mundo Musulmán

28 de junio al 27 de julio, 2014

Únete a millones de cristianos alrededor del mundo al enfoque de oración internacional más grande y más antiguo que existe por el mundo musulmán.

Coincidiendo con Ramadán, se hace un llamado a los cristianos de todo el mundo a que hagan un esfuerzo por entender, orar, y entablar relaciones con personas musulmanas de tu comunidad o vecindario y por aquellos alrededor del mundo.

Las noticias sobre los grupos radicales musulmanes incitan ira, temor e incluso odio por todos los musulmanes. Pero más bien ora con la mente y el corazón de Cristo. La guía de oración –para adultos y niños– es una herramienta invaluable para ayudar a los cristianos a entender y a orar por los vecinos y naciones musulmanes.

Orando con *Fe, Esperanza* y *Amor* por el mundo Musulmán

PARA MÁS INFORMACIÓN

WORLDCHRISTIAN.COM
Resources and Ministry that Impact Our World

visite: www.30DaysPrayer.com
o escriba: paulf@30DaysPrayer.com
o escriba: WorldChristian.com "30 Days"
PO Box 9208
Colorado Springs, CO 80917

DÍA GLOBAL de Oración

**Domingo de Pentecostés
8 de junio, 2014**

Ora con el mundo.

Ora usando la guía Diez Días de Oración que puedes encontrar en línea en el formato .pdf. El Domingo de Pentecostés une las oraciones de tu congregación con iglesias a través de todo el mundo usando la "Oración por las Naciones."

- Un día el Domingo de Pentecostés, 8 de junio, 2014.
- Diez días de oración continua, 29 de mayo al 7 de junio, 2014.
- Noventa días de bendición, 9 de junio al 6 de septiembre, 2014.

Desde el despertar de este siglo, los cristianos alrededor del mundo se han reunido el Domingo de Pentecostés para celebrar un día de arrepentimiento y oración. Muchas de las reuniones han sido masivas en lugares públicos, pero la mayoría han sido reuniones pequeñas en iglesias o casas. Obtiene tu guía de oración para los diez días, recursos para usar la Oración por las Naciones el día de Pentecostés, y una guía para los noventa días de bendición.

THE GLOBAL DAY OF PRAYER

Para más información visita
www.gdopusa.com or
www.globaldayofprayer.com

Pedido de materiales de WayMakers

ARTÍCULO	DESCUENTO	COSTO *	CANTIDAD	TOTAL
SEEK GOD FOR THE CITY 2014				
CLAMA A DIOS POR LA CIUDAD 2014				
1-19 copias		$ 3.00 c/u		
20-99 copias	20%	$ 2.40 c/u		
100-249 copias	35%	$ 1.95 c/u		
250-499 copias	55%	$ 1.35 c/u		
PROMPTS FOR PRAYERWALKERS		$ 2.00 c/u		
LIGHT FROM MY HOUSE		$ 2.00 c/u		
OPEN MY CITY		$ 2.00 c/u		
WHAT WOULD JESUS PRAY?		$ 2.00 c/u		
BLESSINGS		$ 2.00 c/u		
THE LORD IS THEIR SHEPHERD		$ 2.00 c/u		
PRAYERWALKING	25%	$ 9.00 c/u		

FLETE Y TRAMITACIÓN	
$ 1 – $ 10	$ 5.00
$ 11 – $ 30	$ 7.00
$ 31 – $ 75	20% del total
$ 76 o mas	13% del total

Subtotal

residentes de Texas 8.25% impuesto de ventas

flete y tramitación ($ 5 mínimo)

donación opcional para WayMakers

TOTAL

ENVÍE A: *(solamente DENTRO de los Estados Unidos y a domicilios, no casillas de correo)*

Nombre

Organización

Dirección (número y calle)

Ciudad   Estado   ZIP

Tel   E-mail

VISA / MC / Discover   fecha vencimiento

nombre como aparece en la tarjeta

Por favor ordene con tiempo; toma aproximadamente 2 semanas procesar un pedido. Después del 21de febrero podría salir más caro el flete. Las cantidades son limitadas. Ordene antes del 12 de febrero para asegurarse de recibir la cantidad necesaria. El pago por la orden debe acompañar el pedido. Por favor calcule el costo del flete e inclúyalo en el total. ¡Gracias! Para mayor rapidez, llámenos por teléfono. Haga su cheque a nombre de WayMakers. Envíe esta solicitud y su pago a:

WayMakers
PO Box 203131
Austin, TX 78720-3131

Tel (512) 419-7729
      (800) 264-5214
Fax (512) 323-9066
Red www.waymakers.org